JN299282

# 齋藤孝の
# ざっくり！
# 西洋思想

3つの「山脈」で
2500年をひとつかみ

# 齋藤孝のざっくり！西洋思想

# はじめに

皆さんは「西洋思想」や「哲学」と聞くと、どうお感じになるでしょうか？

「高校の倫理や世界史で少し習ったけど、難しそうでとっつきにくい」

「ソクラテス、アリストテレス、カント、ニーチェといった名前は知っているけど、何を言った人なんだろう？」

「『我思う、ゆえに我あり』とか『人間は考える葦《あし》である』とかの言葉は聞いたことがあるけど、それのどこがすごいのかわからない」

――そんな方が多いのではないでしょうか。

西洋思想、あるいは西洋哲学と呼べるような思想は、紀元前の古代ギリシャで生まれました。その後、今日に至るまで、さまざまな思想家がさまざまなことを言ってきました。その西洋思想とは何かを知るには、彼らがいったい何を目指してきたのかを知ることが一番です。

彼らの目標はずばり、「世界のすべてを説明しつくしたい」ということです。

「世界のすべて」と言ってても漠然としていますが、それはつまり、世界はなぜあるのかとか、私たち人間はどのように認識をしているのか、生きていることにどんな意味があるのか、どんな社会がいいのかといった根源的・基本的な問いのことです。もっと身近なところでは、「人間って複雑だよね、何で人生うまくいかないんだろう」というような悩みでもあります。

思想や哲学といったものを難しく考えすぎず、そうした悩みや疑問への「処方箋《しょほうせん》」であると考えてみると、それを知ることの意味も見えてきます。歴史上の思想家たちは、いろいろな悩みに答えてきましたから、それらの中には、きっといまのあなたにふさわしい処方箋もあるでしょう。

一口に西洋思想と言っても範囲は膨大です。

私は、西洋思想が「西洋らしさ」を手に入れたのは、ソクラテス・プラトンの時代だと思っています。この本では、そこから今日までの長大な西洋思想というものを〝ざっくり〟三つの「山脈」にわけて理解しよう、という方針で解説しました。

西洋思想の特徴の一つは、それぞれの思想家・哲学者がてんでばらばらに好き勝手なことを言っているわけではないということです。必ず、先の時代の思想家はどんなことを言っていたのかを踏まえて、それを乗り越えようとするのが西洋スタイルです。

すなわち、順を追って見ていけば、必ず「つながり」が見えてくるはずです。その「つながり」を見いだすコツが「山脈」なのです。

本書を読めば、西洋思想とは何かがわかり、人から聞かれたらしっかりと説明できるようになるはずです。

アリストテレスはどういうことを言ったのか、デカルトの「我思う」はどういう意味なのかを一分で説明する。あるいは、西洋思想のそれぞれの「山脈」を一分ずつ、合わせて三分で西洋思想を説明する、なんてことができるようになるのです。

また、西洋思想は西洋の歴史とも密接に関わっていますから、歴史の理解、ひいては現代世界を知るうえでも必須のものなのです。

ぜひ、本書でとっつきにくいと思っていた西洋思想の本当のおもしろさを味わっていただければ幸いです。

二〇一一年四月

齋藤《さいとう》　孝《たかし》

# 目次

contents

## プロローグ

### 三つの「山脈」でざっくりわかる「西洋思想」



## 第I部

### 西洋思想の始まり

――「アリストテレス帝国」の建設

chapter 2

## すべてを説明しつくすという欲望
### ——二〇〇〇年の間、西洋を支配しつづけたアリストテレスの帝国

## chapter 3

### つくりあげられた「神」という権力
### ——キリスト教に利用された西洋思想



# 第II部

# キリスト教からの脱却を目指せ
## ——近代合理主義と哲学の完成

## chapter 4

### ゼロ地点は俺だ
### ——デカルト「我思う、ゆえに我あり」の真実

chapter 5

## 経験より先にあるもの
## ――カントが到達した「コペルニクス的転回」とは



chapter 6

## 歴史でさえも理性で動いている
## ――ヘーゲルが目指した哲学の完成

## 第Ⅲ部

# 哲学をぶっ壊せ
## ——西洋の「中心主義」からの脱却

chapter
7

### ようやく「神は死んだ」
### ——ニーチェとフーコーが人間を解放した



chapter
8

### この世界に「ある」とはどういうことか
### ——ハイデガー・フッサール・メルロ＝ポンティ

## chapter 9

## それは「科学」か？「思想」か？
## ――ダーウィン「進化論」、フロイト「精神分析」、マルクス「資本論」

chapter

10

## それ自体に意味なんてない。あるのは「差異」だけ？
## ――ソシュールとレヴィ＝ストロースから始まった構造主義の破壊力



装丁…寄藤文平＋鈴木千佳子

# プロローグ

三つの「山脈」で
ざっくりわかる
「西洋思想」

## 西洋思想の三つの「山脈」とは

「はじめに」でも述べたように、今回、西洋思想をざっくり理解しようとするうえでポイントとなるのが、三つの「山脈」です。

第一の山脈は「西洋思想の始まりから〝アリストテレス帝国〟の建設まで」。
第二の山脈は「近代合理主義による哲学の完成」。
第三の山脈は「〝完成された哲学をぶっこわせ！〟という現代思想」。

ソクラテス以後、二五〇〇年にわたる西洋思想の歴史を一言で語るならば、それぞれ一つ手前の山脈からの「脱却」の歴史であると言えるでしょう。これを図で表わすと左ページのような感じになります。
これだけでは、まだ何のことだかわからないでしょうから、順を追って見ていきましょう。

## 西洋思想の3つの「山脈」

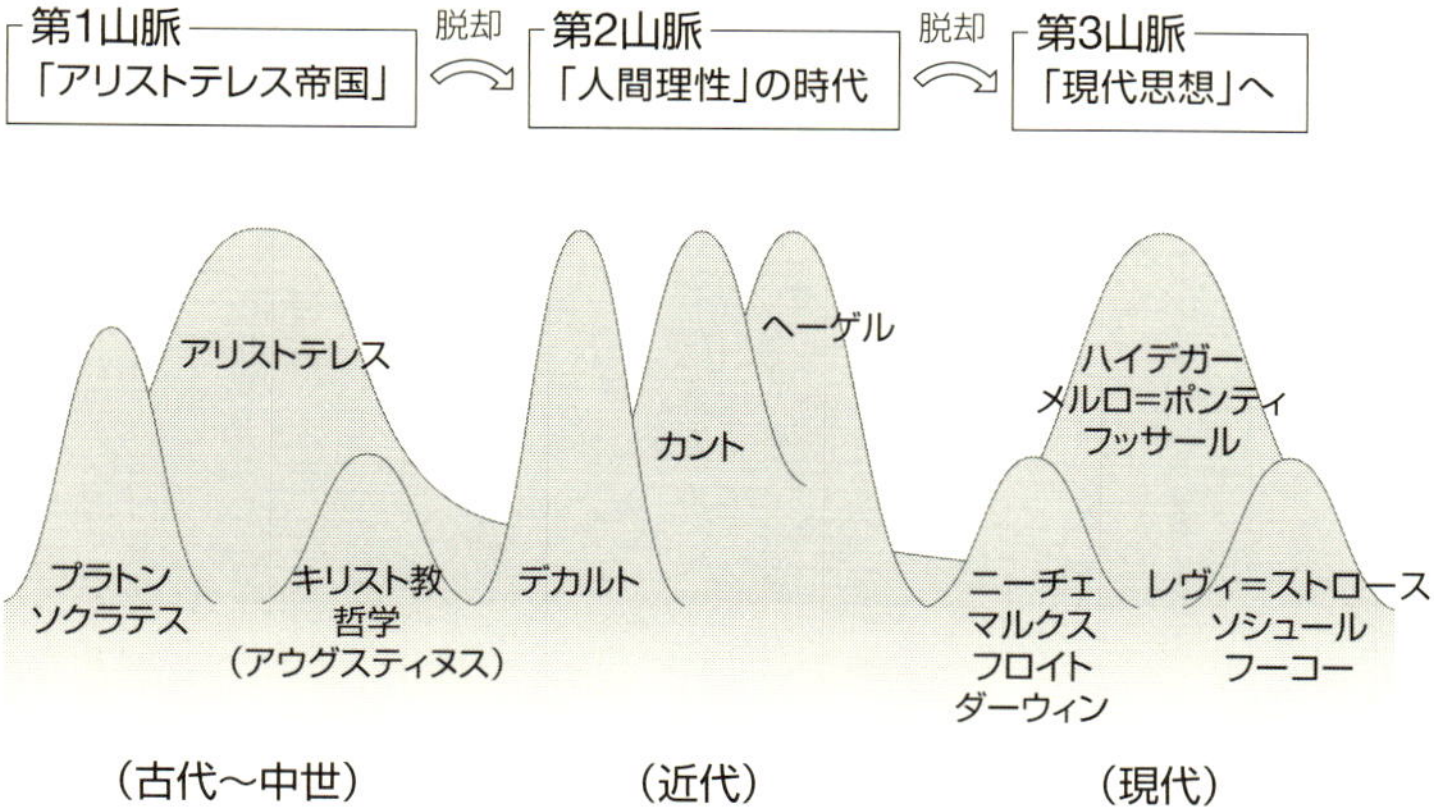


西洋思想は大きく3つの「山脈」にわけることができ、1つ手前の山脈からの「脱却」の歴史ととらえることができる。

## 「第一の山脈――西洋思想の始まりから〝アリストテレス帝国〟の建設まで」

第一の山脈の主役は、ソクラテス、プラトン、アリストテレスの三人です。紀元前五～四世紀頃の古代ギリシャが舞台となります。

ソクラテス、プラトンによって西洋思想の「西洋らしさ」がどのようにして生まれたのか。その「西洋らしさ」の正体とは何であるかを見ていきます。

その正体とは、簡単に言えば**「世界の本質を一つの原理で説明したい」**という欲求です。この「西洋らしさ」の正体こそが、今日に至るまで西洋思想、西洋社会を突き動かすパワーとなっているのです。

そして、大御所アリストテレスは、その人間業とも思えない才能で、「世界のすべて」を説明しつくそうとしました。アリストテレスの残した成果は、あまりに広範囲で権威があったため、誤りを含みつつも二〇〇〇年以上の長きにわたって、西洋世界を支配しつづけることになります。

そのアリストテレスの成果に目をつけたのが、中世のキリスト教、すなわちローマ・カトリック教会でした。カトリックの最大の目的はただ一つ、神の存在を証明することです。神の存在の証明を教会が独占的に握ることによって、**「神とつながっている私たち聖職者が一番偉い」という立場をキープして、この世界を支配する**ことができるからです。

その神の存在の証明に、ソクラテス・プラトンを経てアリストテレスに結実した古代西洋思想の成果はもってこいでした。

カトリック教会は、アリストテレスの成果を利用して中世キリスト教哲学を発展させ、西洋世界における支配力を磐石《ばんじゃく》のものとしたのです。つまり、こうしてできあがった「プラトン・アリストテレス・キリスト教の大帝国」が西洋を支配することになりました。

## 「第二の山脈——近代合理主義による哲学の完成」

その、いわば「アリストテレス帝国」の支配に風穴を開けたのが、デカルト、カント、ヘーゲルといった「近代合理主義」と呼ばれる思想を発展させた人たちです。

彼らによるキリスト教支配からの脱却こそが、第二の山脈となります。

プラトン、アリストテレス、キリスト教が行なったのは、世界の本質は私たちの住む現実の世界とは異なる、どこか別の所にあるのだということを信じさせたことです。

プラトンはその本質のことを「イデア」と呼びましたが、その本質は普通の人には見えないのです。カトリック教会は、その普通には見えないものをあたかも自分たちだけが知っているフリをして、西洋世界を支配したのでした。

デカルトに始まる「近代合理主義」の思想家たちは、神を否定したわけではありませんが、もっと自分たち人間の「理性」を信頼しようよ、という流れを作りだしました。

私たち人間は五感でもって、物を見たり、それに触ったりすることができます。そして、きちんと認識を積み重ねることもできる。**その認識力、合理的な思考力をもっと信頼してもいいんじゃないか。人間には本質はまったく見えない、なんて考え方をしなくてもいいじゃないか**というのが、彼らの思想のポイントです。

人間の理性への信頼は、歴史的には近代の自然科学の発展や、フランス革命に代表される市民革命の進展と同時に歩《あゆ》んでいきます。

天文学の世界において、ガリレオやコペルニクスによって地動説が主張されたことは、それまでのキリスト教的な天動説の考え方からの脱却の象徴的な出来事でした。

デカルトは有名な「我思う、ゆえに我あり」という言葉で、人間の拠《よ》り所を見いだしました。

カントは、それまで人間が見たり、感じたりする対象がそこにあるからこそ、それを認識することができるのだと考えられていたのを、「それは逆である」と主張しました。まず人間に「認識機能」のようなものが備わっているからこそ、見たり感じたりできるのだと言うのです。カントはこれを自ら「コペルニクス的転回」と呼んで自画自賛しました。

ヘーゲルは、こうした人間の理性への信頼をさらに突きつめていきます。ヘーゲルは、人間の意識はおろか、歴史でさえも、「精神」が動かしているんだと言いました。

ここまできて、西洋思想、西洋哲学というものが、一つの完成形となります。この世界で、理性こそが一番偉いんだ、その理性を追究するのが人間なんだと言うのです。

## 「第三の山脈――〝完成された哲学をぶっこわせ！〟という現代思想」

しかし、完成しただけでは西洋は終わりませんでした。どこまでも進みつづけようとする西洋の〝止まらなさ〟は、今度は一度完成させた西洋哲学自体をぶっこわすという方向へ向かいます。

それが第三の山脈である、現代思想への流れです。

その背景には、理性や合理的な考え方で、この世界や人生は本当にわかるのか？　という疑問があります。

現代の私たちも日々実感していることでしょうが、いくら科学が発達したとはいえ、すべてを合理主義的に考えて人生をうまくやっていくことはできません。家族や人間関係一つをとっても、合理的なだけでは失敗してしまうし、人の死などを割りきることはなかなかできません。

**まだまだ、私たちは合理主義の背後にある〝何か〟にとらわれている。あるいは、合理的ではない何かに突き動かされている。**それが何なのかを探ってきたのが現代思想の面々だと、大雑把に言うことができるでしょう。

ニーチェはそれを「力への意志」に求めました。ソシュールなら「言語という体系」、フロイトなら「無意識」、レヴィ＝ストロースなら「構造」……などといった具合です。

中でも、私たちの歴史そのものに最も大きな影響を及ぼした思想家は、マルクスと言えるかもしれません。マルクスは、ヘーゲルの持つ歴史観――歴史は一つの終着点に向かっているんだという考え方を推し進め、その段階が経済に表われると考えたのです。

マルクス主義の影響は思想の世界にとどまらず、ご存じのとおり、社会主義という壮大な社会実験をすることになります。ソビエト連邦の出現から冷戦、そしてソ連崩壊後の現代の世界を見るにつけ、その影響がいかに大きかったかがわかります。

## 「現代の私たちにとっても役立つ西洋思想」

こうして、西洋思想における三つの「山脈」を見ていくと、大勢の思想家たちが、それぞれ前の人たちの意見にどう反論して、それをどう乗り越えてきたのかがわかります。

西洋思想をこのように〝ざっくり〟眺めてみることで、現在の私たちの考え方にもプラトン的、アリストテレス的、ヘーゲル的なものといったものがあることがわかるはずです。

そうすると、自分の考え方というものを客観的に見られるようになりますから、こういう問題を考えるには、ヘーゲルの考え方がいいとか、プラトン的ではいけないといったように、場面に応じて先人の思考法を役立てることができるようになります。

また、思想というとどこか縁遠い印象を受けますが、結局は、「世界はどうなっているのか」「人間はどう生きるべきか」という世界と人間の話ですから、私たちの人生や社会を考えるという身近で、実用的なものでもあるのです。

そういう意味では、思想とは私たちの人生に対する「処方箋」であるとも言えます。その処方箋を出す思想家はさしずめ薬局であると言えます。

中世までは、この世界のすべてが「アリストテレス薬局」と「キリスト教薬局」の出す薬で済んでいました。たとえて言えば、「正露丸《せいろがん》」やかつての「アスピリン」のような万能薬だったのです。

けれども近代になると、それが効かなくなってきたので別の薬局が次々と現われた。さらに現代になると、社会も複雑になり、人間も複雑になって、それに対応すべく薬局は乱立してしまい、逆にわけがわからなくなってしまった。ニーチェやマルクスといった劇薬もできてしまった。現代思想は、いわばそんな状況に陥《おちい》っているようにも思えます。

ですから、いまこそ西洋思想の歴史を見直すことによって、もう一度、現代に効く薬を見つけだそうという試《こころ》みでもあるのです。

# 第 I 部

# 西洋思想の始まり

——「アリストテレス帝国」の建設

chapter

# 1

## 本当の世界は目に見えない？

ソクラテス・プラトンの「イデア」とは

### 「本当に偉大なのは師のソクラテスか弟子のプラトンか」

西洋思想を一気に大づかみにしようと思ったとき、最初につかむべきはやはり古代ギリシャの思想だと思います。

古代ギリシャと言うとアテネが有名ですが、他にもスパルタなどいろいろな都市国家（ポリス）があり、それぞれで特徴のある文化や芸術、政治形態が幅広く発達していました。それらはどれも水準が高く、現代でも通用するようなレベルの高いものでした。古代ギリシャ世界は、まさに人類史における「奇跡の都市国家群」なのです。

その古代ギリシャで生まれた思想について語られるとき、よく使われるのが「プレソクラティック」という言葉です。これは直訳すると「ソクラテス以前」ということです。つまり、**ソクラテス**（前470頃～前399年）という哲学者を一つの歴史の分岐《ぶんき》点として、ソクラテス以前と以後で分けて語られるということです。

では、なぜそう言われるのでしょう。

それは、ソクラテスの登場によって、古代ギリシャに「西洋独自の哲学」が生まれたと考えられているからです。

もちろん、ソクラテス以前にも、ギリシャには多くの思想家たちがいました。

たとえば、「万物の起源は水である」と考えた**タレス**（前624～前546年）や、「同じ川には二度入れない」という言葉で万物が流転《るてん》することを説いた**ヘラクレイトス**（前540頃～前480年頃）などは、とても重要な思想家です。

彼らの思想も独創性がありおもしろいのですが、それは、他の古代世界でも見られる思想だとも言えます。

たとえばヘラクレイトスは、この世は温かいものと冷たいものが戦って現在の安定した状態をつくっていると語っていますが、世界のすべてを二元論的な対立でとらえようとする思想は、私たち東洋人にとっても馴染《なじ》みのあるものです。そのため、「万物は流転する」という言葉も、「ゆく河の流れは絶えずして、しかももとの水にあらず」という鴨長明《かものちょうめい》の『方丈記』の一節を思い出して妙に納得したりします。

そういう意味では、ソクラテス以前の思想というのは、確かに独創性があると言えば言えるのですが、一般的な古代世界の思想の一つとして見ることもできます。

それが西洋独自の思想に変わるのがソクラテス以降なのです。とはいえ、ここではソクラテスよりも、むしろプラトンのほうに光を当てたいと思います。

日本では、ソクラテスとその弟子である**プラトン**（前427～前347年）のどちらが有名かと言うと、若干ソクラテスのほうが勝つようです。ただ、実際の歴史における影響力では、実は圧倒的にプラトンのほうが上なのです。

ソクラテスは「汝《なんじ》自身を知れ」「無知の知」という有名な言葉もあり、哲学の巨人としてのイメージが定着していますが、ソクラテス自身はその思想を一字も書き残していません。ソクラテスについての最も正確な叙述とされている『ソクラテスの弁明』も、著《あらわ》したのはプラトンです。つまり、ソクラテスの思想（思考スタイル）は、プラトンが書き残さなければ残らなかっただろうというのが正直なところなのです。

ですから、一般的にはソクラテス以前・以後ということで「プレソクラティック」という呼ばれ方がされているわけですが、正確に言えば、これは「プラトン以前・以後」と呼ぶべきだと私は思います。

『ソクラテスの弁明』は、師であるソクラテスの死にショックを受けたプラトンが、先生の思想を伝えるために、先生との思い出を書き記したものです。その中でソクラテスは偉大な人物として評価されているわけですが、そのすごさを述べているのはあくまでもプラトンです。

そのプラトンは、ソクラテスが述べていないようなこと、たとえばイデア論や国家論についての著作も残しています。ですから、西洋思想の誕生にとってどちらがより重要であったかといえば、私はソクラテスよりもむしろプラトンのほうに軍配を上げます。

言ってしまえば、私たちが知っているソクラテスは、実はプラトンが議論を進めるために作りあげたキャラクターのようなものなのです。

『ソクラテスの弁明』が作品として永続性を保っているのも、ソクラテスの力というよりはプラトンの力です。実際、途中何度か歴史に埋もれる時期はありますが、**何度も繰り返**

**し浮上し、長く西洋世界を支配していくのは、ソクラテスの思想ではなく、プラトンの思想なのです。**

## 「現実なんて「イデア」の影に過ぎない？」

なぜ、プラトンの思想が西洋世界を支配したのか？

その答えは、プラトンの説《と》いた「イデア論」にあります。

**「イデア」というのは、目には見えないけれど魂《たましい》の目で見ることができる「物の本質」とでも言うべきもの**です。

「本質」などと言うと難しそうにも聞こえますが、こうした考えを理解するのは、それほど難しいことではありません。

たとえばイス職人は、人が座る家具としての「イス」を作りますが、その形は作る人によってばらばらです。初めて作る形であっても、作る前からそれが「イス」であることはわかっているはずです。ならば、イス職人は「イス」という存在の観念のようなものを頭の中に持っているから、そのイスを作ることができたのだ――そう考えることはごく自然です。

何も考えずに作っていたらたまたまイスができてしまった――、幼稚園児の粘土細工ではそういうこともあるかもしれませんが、基本的には観念なく物を作るということはありません。おそらく、人類で初めて「イス」を作った人もそうだったはずです。

それに、幼稚園児の粘土細工でさえ、何気なく作っていたものに対して「あ、これはイスだ」という認識を持つということは、イデアの存在証明の一つになると思います。

まあイスの場合は粘土製でも座れるかもしれませんが、たとえば、たまたまできたものが粘土細工の「ゾウ」だったらどうでしょう。

私たちは、鼻の長いあの動物を「ゾウ」と呼んでいます。実際の動物のゾウと、粘土細工のゾウは、どう考えても「別物」です。しかし、その粘土の形がゾウに似ている、もっと言えば、粘土の塊から細長い鼻のようなものが伸びているだけで、私たちはそれが「ゾウ」を表現していることに気づくことができます。

それは、「キリン」であっても「クマ」であっても同じです。では、なぜそう見えるのでしょう。

それは、私たちが「ゾウ」や「キリン」や「クマ」、それぞれごとに共通する〝何か〟をすでにわかっているからです。

同じように、人間が作ったものである「イス」や「机」にも、それぞれ共通するイメージのようなものを私たちは持っています。

中には、「坐ることを拒否する椅子」という岡本太郎《おかもとたろう》の作品のように、わざわざ機能性を損《そこ》なったようなものもありますが、そういうものも含めて、やはりそれは「イス」であるということがわかるわけです。

私たちの頭の中には、そうした「共通の何か」があります。だからこそ、それを作ることも、作られたものを見たときに「ああ、それは◯◯だよね」と理解することもできる、ということです。

**この「共通の何か」こそが「イデア」なのです。**

「イデア」のもう一つの特徴は、それが教えられるものではないにもかかわらず、誰もが理解することができるということです。

すでにあるイスを子どもに見せて、「これがイスだ」と教えることはできますが、では、「どこまでがイスなのか」を教えることは誰にもできません。もちろん、「座面があって、脚がついていて……」などと説明することは可能ですが、すべてのイスの種類やイスの特徴を説明しつくすことは不可能です。たとえ一万個のイスを見たとしても、一万一個目に見せられたものがイスかそうでないかを判別する根拠を作ることはできないのです。にもかかわらず、よほど奇抜なものでないかぎり、イスを見れば、誰でもそれがイスであるとわかります。

そう考えると、岡本太郎の作った座りづらいイスは、イデアの限界にチャレンジした作品だとも言えます。いま、「奇抜」と言いましたが、その「イス」の範囲を拡張して概念を変えていくようなものを作りだすのが斬新なデザイナーというものです。

紙でイスを作った吉岡徳仁《よしおかとくじん》氏などは、その好例と言えるでしょう。

吉岡氏はワインなどを包むのに使われるようなアコーディオン式のカシャカシャした紙を使ってイス（「Honey-pop」）を作りました。そのためこのイスは、使わないときはアコーディオンのように閉じることができます。これは、イスといえば硬いものだと思っている西洋の人たちにとって、かなりの驚きを持って評価されました。

材質が何であれ、開閉して形が変わるとしても、座るという機能を果たしている以上それはイスなのです。つまりこれは、大きく言うとイスのイデアに従っているからイスに見えるし、イスとして通用するということです。イスというイデアに従ってさえいれば、その材質が木であっても鉄であっても、紙であったとしても、あまり関係ないのです。

これは、太い線で三角形を描いても、細い線で三角形を描いても、「三角形である」ということには変わりはない、というのと似ています。たとえ適当な線で描いても三角形と認めています。イデアというのは、そういう私たちの心の中にある「共通なもの」です。

しかし、それを直接見ることはできません。私たちが見たり触れたりできるのは、あくまでも現実のものだけです。

この目に見えない「イデア」を説明するためにプラトンが用いたのが「洞窟《どうくつ》の比喩《ひゆ》」と呼ばれるたとえ話です。

このたとえ話では、人間は洞窟の中で、奥のほうを向いて縛られている「囚人」のようなものだとして説明がなされます。洞窟の入り口には火が焚《た》かれており、いろいろなものが火の前を通るとその影が洞窟の壁に映ります。とらわれている人間が見ることができるのはこの壁に映った影だけで、本体を見ることはできません。

「こうして、このような囚人たちは」とぼくは言った、「あらゆる面において、ただ

もっぱらさまざまの器物の影だけを、真実のものと認めることになるだろう」（『国家』藤沢令夫訳・岩波文庫）

つまり、私たちは壁に映った影を見て「これはゾウだ」「それはキリンだ」と言っているにすぎない、ゾウもキリンも「本物」は私たちの見えないところにあるのだ、ということです。

人間はその本質を見ることはできませんが、見ることができる影からそれはだいたいこんな感じだろうと想像することはできます。その想像の共通するものが「イデア」です。

人が目に見えるものを現実だと思ってしまっているのは、自分が洞窟の中にいて、見えないところに本質があるのだということに気がついていないからにすぎない。でも、それが普通の人間というものなのだ、とプラトンは言うのです。

## 「ピタゴラス学派との出会いが「イデア」を生んだ」

現実界にあるすべてのものはイデア界の影のようなものである、そう考えるプラトンの主張もわからないわけではありません。しかしこの主張では、新しいものを発明したときはどうなのか、という疑問が残ります。

たとえばソファーがない時代にソファーを作った人は、これはふかふかしているから、あるいは寝っころがれるからイスとは別のものだ、という認識があったと思います。ということは、ソファーのイデアというものがイデア界にもともとあったということになるのでしょうか?

ソファーができたということは、ソファーというイデアがあったからだと言うなら、どんな新しい発明も進化も、それがすでにイデア界にあったからできた、ということになってしまいます。

この世にあるものには、すべてあらかじめイデアがあった。

そう言われればそうかもしれませんが、一方でこの考え方には、どうも後だしジャンケンのようなずるさを感じてしまいます。でも、プラトンはそうは考えませんでした。では、なぜプラトンはそんなにもイデア論に自信を持てたのでしょう。

実はこれは、イデア論誕生のきっかけと大きく関係しています。

イデア論誕生のきっかけ、それは三平方の定理などで有名な**ピタゴラス**（前582〜前496年）の学派との出会いでした。

プラトンはソクラテスの弟子だったときには、まだイデア論は語っていません。彼がイデア論を説くようになったのはソクラテスの死後、北アフリカを旅した後のことです。

プラトンの師匠であるソクラテスは、「青少年に悪影響を与えた罪」に問われ、裁判で死刑を宣告され、毒杯を仰いで亡くなります。師がそのような形で死ぬことになったので、また、そんなアテネに嫌気がさし、弟子であったプラトンもそのままアテネにとどまっているのは危ないということで、旅に出ることにしたのです。その旅で彼はピタゴラス学派の人々に出会い、その学説を学んでいます。私は、このことがイデア論誕生のきっかけになったと考えています。

ピタゴラス学派の考えというのは、ごく簡単に言えば、「この世の本質は数である」というものです。
実際、イデア論は数学的世界で説明するととても理解しやすくなります。たとえば現実に三角形があったとき、それがどんな三角形でも、線が太くても細くても、あるいは角度が何度でも「三角形だ」とわかります。これは誰もが納得できることです。

それは、そもそも「三角形」というのが観念だからです。

「観念＝イデア」ととらえると、三角形のイデアがあるということがとてもスムーズに理解できます。それに、現実の三角形は、三角形ではあるけれど三角形のイデアそのものではないということもわかります。そうなると、「三角形」という普遍的な、すべてに共通する本質としてのイデアというものが、現実界には存在していなくても、イデア界には存在すると言われればそんな気がしてきます。

こうして数学、特に幾何《きか》の世界を中心にこれが正しい考えだと思ったプラトンが、そこから発展させ、他のことにも応用したのがイデア論だったのではないでしょうか。

つまり、三角形のイデアの延長線上に生まれたのが、「イスのイデア」や「ゾウのイデア」なのです。

ただ、三角形とイスではそもそもの「概念」が違います。三角形というのは観念ですが、イスというのは私たちが必要に駆られて作った物です。ですから、もともとイデア界に「イスのイデア」があったから、それを模倣《もほう》して現実界にイスができたと言うのは、やはりすこし無理があるのではないでしょうか。

しかしプラトンは、現実というのはイデア界の模倣にすぎないと言い、そのイデア論は当たり前のように受けいれられていきます。その背景には、ピタゴラスの考えていた数の世界の持つ、人間の力では測りがたい威力があります。

その強大な「数の力」とは、どのようなものでしょうか？

たとえば元素の周期表を見たとき、私たちはその配列の規則性に驚嘆します。

私も学生のとき「水兵リーベ僕の船（H、He、Li、Be、B、C、N、O、F、Ne）」と語呂合わせを使って覚えましたが、あの並びには、元素番号1番の水素から始まって、陽子の数が一つずつ増えていくという規則性があります。陽子や電子の数によって、異なる物質になるということがわかると、整数がこの世界を支配しているような気もしてきます。それは、ピタゴラスがこの世界の本質が数であると言ったのは当たっている気がする、ということでもあります。

単に「この世界は数でできている」と言われると、そんなことはないだろうと思いますが、この世界は原子でできているということを前提にすると、その原子を支配しているのは整数の法則や数学的な法則なのですから、数が支配していると言えなくもない、と感じられます。

実際、いろいろな物質の結晶を見たとき、それがどうしてこういう形なのかということを追究していくと、数学的にそれが安定しているからなのだそうです。そういう意味では、美の世界とか原子の世界とか、この世界を構成しているものの多くが数学を基盤にすることでかなり説明できてしまう。そのことを科学が発展した現在の私たちは知っています。そう考えると——、実は恐るべきはピタゴラスだったのかもしれません。

ピタゴラスの言ったことは、実はすごく神秘主義的なことでもあったため、ピタゴラス学派というのは、数や数学、幾何などを独自の神とする一種の信仰団体でもありました。

確かに、ああいう数学的世界に触れると、それが絶対的な真理のように見えてくるので、それこそが宇宙の真理だと思ってしまうのも無理のないことだと思います。

たとえば弦楽器の一つの弦を弾《はじ》くと、隣の弦が触ってもいないのにビーンと鳴ったりすることがあります。これは一種の共鳴《きょうめい》現象で、数学的に証明することができます。また、弦を半分に押さえればこの音が出るということがわかると、弦を押さえる比率によって音の高さを自在に変えることができるので、音というのは数学で表わせるということになってきます。これは音楽というものが数学の法則で説明できるということでもあります。

現在、天体の配置というものは運動する力学で数学的に説明できます。当時はそこまでのことはわかっていませんでしたが、ピタゴラスは直観でそれができるはずだとわかったのかもしれません。

プラトンは、こうした数学の力にとても感激したのでしょう。

その結果、三角形というものには三角形のイデアがあり、円には円のイデアがあるとなったとき、「俺、すべてのものの背景がわかっちゃったよ」という感じになって、このイデアをありとあらゆるものすべてに広げてしまったのだと思います。

でも、「これがそうならこれもそうだろう、ということはすべてはこうなる」というプラトンの思考法にはどう考えても無理があります。実際、プラトンの対話編などを読むとわかりますが、彼の論旨はツッコミどころが割と多いのです。

三角形の話は三角形の話としてなら納得できるけれど、それがイスの話となれば違ってきます。そもそも三角形とイスや机はまったく別物ですし、それがゾウとかキリンの話となればさらに違うものになるのは明らかです。

イスや机は人間が作ったものなので、ある意志のもとに作られたものですが、ゾウやキリンは意図してできたものではありません。生物の進化についての現代の知識から見れば、進化の過程にはあらかじめイデアがあったという説明は納得できるものではありません。私たちは、生命の進化が長い年月の間の、偶然によるものであることを知っています。偶然的な環境変化に適応するために、形や機能をそのつど柔軟に進化させてきたのです。

つまり、「この世のものはすべて影のようなもので、本質は目には見えないイデア界にある」というプラトンのイデア論は、一見するととても魅力的ではあるのですが、実際にはかなり無理のある説なのです。

しかし、この無理を押し通したところに、実は西洋思想の独自性、「西洋らしさ」の源があります。

## 西洋思想の「西洋らしさ」はどこにあるか

私が今回、西洋思想を見直したときに思ったのは、不等号を用いることで、難解な西洋思想も意外と簡単に、ざっくりと理解できるのではないか、ということでした。

たとえば、イデアというものを不等号で表わすと、本質はイデアであるというプラトンの思想は、イデアのほうが現実よりも偉いということなので**「イデア＞現実」**と表わすことができます。

現実よりもイデアのほうが偉い。一見するとシンプルですが、ここからややこしいことが始まりました。

これは西洋に限らず世界中で見られる傾向ですが、人間というのは、どうしても現実の世界だけでは納得できないというか、説明がつかない出来事の理由として、畏敬《いけい》の念を抱くような世界というものを想定したくなるもののようです。

たとえば、これはどこの民族にも見られるものですが、山を崇拝の対象にして、社《やしろ》を建てて奉《たてまつ》るというのも、畏敬の対象となる「異世界」を作りだす手法の一つです。世界や人間の誕生を神話として語るのは、その典型でしょう。

こうした感性自体はどこにでも見られるもので、その気持ちはよくわかります。ただ、プラトンの場合は、そうした異世界に神様が住んでいるというような単純な発想ではおさまらず、それをさらに理論化して「すべてのものにイデアがある」という、より具体的で個別的に説明ができるような理論を、ちょっと無理矢理ですが構築してしまいました。

そして、いま見ている現実は見せかけの世界であって、本当の世界は目に見えないイデア界にあるとしたのです。

この魂の目でしか見ることができない「イデア」は、やがて「理想」といったものともつながっていきます。なぜなら、プラトンは単にイデアが本質であるというだけでなく、われわれ人間は、見えないなりに本質である「イデア」を探求しなければならない。そうすることが知を愛する者としての務めであり、最大の生きる喜びだからだ、ということにしてしまったからです。

**人の生きる喜びというのは知を愛す（フィロソフィア＝哲学）こと、つまり真理を追究するところにある。そしてその真理に近づく唯一の方法は、知性であり理性である**とプラトンは説いたのです。

私は、**ここから西洋の思考の無理が始まった**と考えています。

たとえば日本人には、多少いいかげんというか、現実に起こっていることの理由や本当の姿といったことを突きつめようとはしない傾向があります。実際に生活していくうえでは、それで不便はありませんし、おそらく直観的に「無理なんじゃない？」と感じているのだと思います。

一方、西洋は違いました。プラトンは、「物事の本質はどこにあるかを説明する」という、ゴールの見えないレースをスタートさせてしまいました。そして、とりあえず「イデアがゴール」と言いきって一人抜けてしまったのです。

もちろん、現実の世界や私たちの人生には説明のつかないことも多いですが、しかし、それらの「背後」にはすべてイデアがあるのだと言われると、やはり少し厳しい感じがする。百歩譲って、現実の背後にイデアという名の本質があるとしても、人間の理性は本当にそれを認識することはできるのでしょうか？

西洋においても、そう感じて疑問を呈する人はいました。レースはまだ終わってなかったのです。さらに、もっと突っこんで、「そもそもイデアなんてないでしょう？」と言う人も現われて、諸説入り乱れていく。それが西洋思想の歴史です。西洋の思想を見るたびに、私は、彼らはどうしてこんなにも無理をするのだろう、と思いますが、この無理を突き進んでいくのが、西洋思想の「西洋らしさ」であり、西洋という、世界史を牽引《けんいん》してきた地域のパワーの源でもあったのかもしれません。

## 「見えるものを信じなかったプラトン」

少し先走りすぎたようですので、話を戻しましょう。

このように、プラトンは、目でとらえることができないイデアのほうが、目で見ることのできる現実よりも本質的だとします。そして、「本質（＝真理）」を追究することが知を愛する者の務めだと言います。

けれどもそのとき、私たちの感覚、つまり手で触ったり、目で見たり、においをかいだりというのは、全部あてにならないから信用してはいけないと言うのです。

では、感覚や経験を用いずにどのようにして本質に迫ればいいのでしょうか。そこでプラトンは、「理性」を用いろと言います。でも、感覚を一切排除して理性でとらえるということは、別の言い方をすれば「見えないものをただ信じろ」ということです。

プラトンの主張は数学的なところがあるので、科学的な思考法に立脚しているのではないかと思われがちなのですが、実は見えないイデアの存在を理性で信じろと言うのですから、これは科学的どころか一種の「宗教」と言っても過言ではありません。

宗教なら宗教らしく、信仰という形を取ればよかったのです。実際、超自然的な力や存在というものを想定したくなり、神とかいろいろなエネルギー的なものを想定するというのは世界中でよく見られることです。

ところがプラトンは、これを単なる信仰として説くのではなく、学問として、それも学問の中の学問である哲学の中心に据えてしまったため、ややこしいことになっていきます。

というのは、「イデアを信じる」という〝宗教〟が学問の中心に置かれてしまったため、西洋では本当の意味での科学的な学問が発展しにくくなってしまったからです。

一個一個の現実を観察するよりも、もっと大事なものがすでにイデア界にあるということになってしまうと、観察をすること自体、意味がなくなってしまいます。観察に価値を見いださない世界では、科学的思考の発展は期待できません。

実は私も、西洋思想を勉強するまで少し勘違いしていたのですが、古代ギリシャ世界は一貫して肉体というものを重要視していたと思っていました。

何しろミロのビーナスやサモトラケのニケのような非常に優れた彫刻作品がごろごろ出土するうえ、オリンピックの発祥の地でもあるからです。

ルネッサンス期の彫刻の天才、ミケランジェロでさえも古代ギリシャ彫刻の美しさにはかなわないと思っていたと言います。それほど美しい彫刻を作るには詳細な観察とともに、人間の身体を美しいものと感じ、大切にする気持ちが必要です。ですからそこで得られる感覚も当然のこととして重視していると思っていたのです。

それだけではありません、古代ギリシャでは、複雑な形をした物体の体積を測るために、物体をお風呂の水に沈め、こぼれた水の量を量った**アルキメデス**（前287〜前212年）の実験の例もあります。

ちなみにこのアルキメデスの実験で測ったのは複雑な形をした王冠で、王冠の中にどのぐらいの金が使われているかを調べるのが目的でした。王冠に含まれる金の量を知るには、王冠の重量を体積で割って比重を割り出すことが必要です。王冠を溶かして計算しやすい形にしてしまえば体積計算は簡単なのですが、王冠を溶かすことは許されません。困っていたときにアルキメデスが思いついたのがこの水に沈める方法でした。

アルキメデスの実験には、現代の科学実験にもつながる正確な計量が必要とされます。近代科学は、この量をきちんと測るというところに基礎を置くことから始まったと言えるので、アルキメデスの実験は科学的なものだったと言えます。

実験や観察は、人間が体を使って行なうものですし、観念よりは「経験」を重んじるものです。

一方、感情の世界も悲劇という形で開花していました。古代ギリシャでは、『オイディプス王』の父親殺し、母子姦通《かんつう》など人間のタブーを意図せず犯してしまった人間が、その不幸のどん底で運命と戦い、自分自身を確認していくという、人間本来のあり方を訴えた話も残されています。このオイディプス王の感情は、現代人でも理解できる本質的なものに思えます。

こうしたことから、古代ギリシャは身体的にも精神的にも「経験」や「感覚」を大事にすることで、トータルにバランスが取れていたと思っていたのです。

実際、プラトン以前の古代ギリシャは、科学的思考にかなり肉薄していたのではないかと思います。

けれども、そんなギリシャ世界をプラトンがひっくり返してしまったのです。

彼が学問としてのイデア論を説き、同時に人間が知覚できるものなどは曖昧《あいまい》だということにしてしまったので、現実をいくら正確に測定しても大して意味がない。現実に左右されて揺れ動く感情も意味がない、となりました。大事なのは「本質」であり、その本質こそ「イデア」だとしてしまったからです。

これによって単に現実よりイデアが偉いというだけではなく、理性のほうが感覚よりもずっと偉いということになってしまったのです。しかも、この「偉いんだ不等号」はどちらかと言えばという程度ではなく、圧倒的に理性のほうが上でした。感覚などものの数ではありません。実際、イデアに関する著作を読んでいると、「えっ？　そんなにまで感覚が信用できないの？」と言いたくなるほどの極論が多く見られます。

確かに感覚や感性というものは人によって違いがある曖昧なものですが、ずれていたとしてもそこには共通する部分があることも事実です。ですからその共通の部分を見ていくというのが冷静な議論だと思います。

しかし、イデア論では「現実は一つひとつが全部バラバラで曖昧です。それは物事の本当の姿ではありません」というような調子で感覚を否定していきます。その上で、物事の本当の姿はただ一つイデアであって、そのイデア界に近づけるのは知性と理性を持った人間だけだと説くのです。

知性と理性を兼ね備えた人間だけがイデア界に近づけるということは、それらを持たない動物たちは、現実界という影の世界でひたすら生きて死んでいくだけの哀れな存在ということになります。

こうしたプラトンの人間至上主義が、やがてキリスト教の霊的なものに対する極端な重視と結びつき、その後の西洋世界から長い間、生身の感覚を持った人間を大事にするという考えを締め出してしまいます。

これがやっと復活するのがルネッサンスなのです。

ボッティチェリが『春』や『ヴィーナスの誕生』といった作品で描いた肉体賛美の華やかさも、レオナルド・ダ・ヴィンチの科学的な観察眼も、古代ギリシャの復活だと言われていますが、正しくはプラトン以前の古代ギリシャにあった「感性重視」の復活だったのです。

## 「イデアを追い求めるからこそ、人は偉いんだ」

西洋思想を読んでいて、私が違和感を覚えるのは、この人たちは「人間は偉い！」ということをなぜこれほどまでに言わなければ気がすまないのか、そんなに主張しなくてもいいのではないか、ということです。

実は西洋思想の特徴というのは、ごく簡単に言うと、「人間は抜群に偉い！ほとんど神だ！」と主張することなのです。それはまるで、神になりたい人間の理論的補強のようにも見えます。

これは日本人には少しわかりにくいかもしれません。

日本でも菅原道真《すがわらのみちざね》のように人から神になった人はいますが、日本の神は、西洋における、世界を創った全知全能の神とは違います。菅原道真の場合など、怨霊《おんりよう》となって襲ってくると厄介《やつかい》なので、神様として祀《まつ》ってご機嫌を取っておこうという程度のことにすぎませんから、他愛もないと言っては申し訳ないですが、かわいいものです。

これに対して西洋のほうはかなり壮大で、「人間が創造主になるプロジェクト」と言っても過言ではありません。

人間は自分自身を意識できる存在です。自分を意識できる存在というのは、人間だけです。ですから、他の動物や植物も、ましてや意識を持たない「もの」とは明らかに違うわけです。

「人間」をそうした存在ととらえるからなのかもしれませんが、古代ギリシャ神話には、人が神の高みを目指す話がたくさんあります。たとえば、神々の世界から「火」を盗んで人に与えたプロメテウスや太陽を目指したイカロスの話などがそうです。

でも、プロメテウスにしてもイカロスにしても、最後は神に罰せられてしまいます。人間の存在を神の高みに近づけようとした結果、神の怒りに触れてしまう、という構図です。

こうした構図は、『聖書』創世記にある楽園エデンの追放の話にも見られます。

神が創った最初の人間であるアダムとイブは、神との約束を破り知恵の実を食べたために罰せられ、楽園から追放されます。この罪をキリスト教では「原罪」と言いますが、すべての人類が背負いつづけなければならない罪とされました。

つまり西洋には、人間には神になりたいという欲求があるが、なろうとすると神に罰せられるという構図がもともと存在していたのです。

プラトンが説いたイデア界は本質の世界です。本質の世界ということは、神の世界と言ってもいいでしょう。

目で見ることも、触れることもできないイデアの世界ですが、プラトンはその見えない世界も「魂の目」を使えば見ることができると言います。そして、その魂の目というのが、人間だけが持つ知性や理性だと言うのです。ということは、理性を働かせてイデア界を探求することは、人間のみに許された壮大なアドベンチャー、冒険だということになります。

「人間だけに許された知的なアドベンチャーをやらずして、人間として生きている甲斐《かい》などないだろう。これをしない人生など、そこいらを這《は》い回るゴキブリと一緒ではないか！」

と、プラトンが言ったかどうかはわかりませんが、現実の世界の中だけで、「これ、超うまくね？」、「あの女、超かわいくね？」、などと言っているだけで終わってしまう人生を生きる人間が、プラトンの目には人間に生まれた真の意味を理解しない哀れな存在に見えていたことは確かだと思います。

プラトンにとっては、知的冒険こそが人間の最高の生き方なのです。

## 「善」こそすべて

そんなプラトンにとって、最高のイデア、イデアの中のイデアというのは、「善のイデア」でした。

知的世界には、最後にかろうじて見てとられるものとして、〈善〉の実相(イデア)がある。いったんこれが見てとられたならば、この〈善〉の実相こそはあらゆるものにとって、すべて正しく美しいものを生み出す原因であるという結論へ、考えが至らなければならぬ。(『国家』)

善とは何か、よいとは何か、ということを追求して善のイデアに近づくのが人として最高の生き方であるということです。

これは科学ではあまり出てこない問題設定ですが、古代では割とありがちなものです。儒教の祖である孔子《こうし》も善、人としてよい生き方とは何かということを説いていますし、ほぼ同時期に生まれた仏教も、善という言葉は使っていませんが、人としてのよい生き方を提案しています。

よりよい生き方というと、いわゆる「善人」をイメージする方も多いと思いますが、儒教も仏教も単なるいい人であれとは言いません。

孔子が説いたのは「仁」ということでした。人が仁者になるには、生まれながらの善人であるというだけでは足りません。そこから勉強して、知識を身につけて初めて仁者になれると言います。

したがって、善人と仁者は違います。

これはわかる気がします。実際問題、気質としてよいものを持っている善人が人に優しくするのと、勉強をして深い考えを身につけた人が人に優しくするときでは「優しさの質」が違ってきます。

たとえば、単なる善人が政治家になったとき、すべての国民に対して優しい政策がとれるかというと、まずとれないでしょう。なぜなら、単なる善人レベルでは知識も経験も十分ではないからです。善人がよかれと思った政策でも、全体から見れば間違っていて国民を苦しめる結果になるということはよくあります。

仁者というのは、トータルに物事を判断できるだけの能力を持ち、なおかつ人に対して寛容さや優しさも兼ね備えた人のことですから、そういう人になるのは簡単ではありません。でも、だからこそ勉強が必要だと孔子は言うのです。

これは、実践するのは大変そうですが、意味としてはよくわかります。

こうした「仁」の教えに比べて、知性を持ってどこまでも善のイデアを追求していくことこそが最も崇高な人間としてのあるべき姿だと言われると、――どうなのでしょう。

私にはどうも善のイデアというのがリアルなものには感じられないのです。何だかプラトンの口のうまさにだまされているような気がしてしまいます。

そのせいでしょうか、私はプラトンの著作を読んでいるうちに、「プラトンは本当に心の底から、自らのイデア論を信じていたのだろうか？」という疑問を感じるようになりました。

実際、プラトンの後期の著作には、他の人たちがイデアについて語ったのに対して、「う～ん、それはちょっと違うかな」という曖昧な答え方をするところが見られるのです。もしかしたら、彼自身、イデア論に無理があることに晩年は気づいていたのかもしれません。しかし結果として、彼のイデア論は生き残ります。

プラトンに学び、後にギリシャ哲学をまとめ上げるアリストテレスも、イデア論に対して少し修正を加えていますが、完全否定には至っていません。否定しようとしたのですができなかったのです。

こうして生き残ったイデア論は、やがてキリスト教と出会い、キリスト教会のツボにはまり、そして利用され、西洋世界を長く支配していくことになるのです。

# chapter 2

# すべてを説明しつくすという欲望

## 二〇〇〇年の間、西洋を支配しつづけたアリストテレスの帝国

### 「西洋文明の「止まらなさ」の根源」

私は西洋の人たちを見るといつも、「獰猛《どうもう》さ」と表現してもいいほどの強いエネルギーを感じます。

彼らは肉を大量に食べるし、社会生活で消費される一人あたりのエネルギー量も膨大です。人一人を生かすのに、こんなにも電力を使い、こんなにも食肉を消費するのは大変なことです。

こうしたエネルギーの強さは、何かあったときの報復行動に顕著に現われます。たとえば9・11同時多発テロに対する報復行動にはすごいものがありました。

もちろん、アメリカ合衆国にとってあれは大変に不幸な事件であり、テロ行為を起こしたほうに非があるのですが、正直なところ「そこまでやるか！」という印象を禁じ得ない過激な報復であったことは事実です。そこには、西洋人が一人殺されたら、何倍にもして返す、相手が異民族の場合はまさに「百倍返しにするぞ」というぐらいの勢いが感じられました。

実際、9・11の報復では、直接の加害者ではないイラクにまで、執念に近いものを感じさせる激しい攻撃がなされました。そして、大義であった大量破壊兵器は発見されず、結果的にはアメリカでのテロ犠牲者の何倍ものイラク人を殺傷することとなったのです。

とにかく西洋では人一人の価値がものすごく高く、中でも西洋人の価値は他の民族の何倍も高いような印象を受けます。

以前、私はベルギーのとある空港で、トランジットの時間が迫っていたため港内を走ったことがあるのですが、そのとき一生懸命走っていた私の背後から何かがものすごい勢いでドドドドドッと迫ってきました。驚いて振り返ると、それは私と同じようにトランジットを急ぐ白人のカップルでした。

その勢いと迫力たるや、まさにムース（巨大な角を持つ大鹿）のようでした。当時私はやせていたので「彼らがムースなら俺はさしずめウサギだな」と思ったのを記憶しています。

東洋人はもともと体が小さく、食事の量も消費エネルギー量も西洋人より少なくてすみます。一時期はそれを卑小に感じる風潮もあったようですが、いまやそれは世界に誇る「エコ」な体質と言えます。

大きな体で大量のエネルギーを摂取し、筋肉を鍛えあげるアメリカ的マッチョは生きているだけで燃費がものすごく悪い、まさに一昔前のアメ車のような存在です。それに対して私たち東洋人は、今こそ生来のエコな体質を見直すべきではないでしょうか。日本人も、最近は体は小さいけれどエネルギー消費量は西洋人並に大きくなってきているので、この提言には多少の自己批判も含んでいます。私たちはやはりライフスタイルをもう少し反省すべきだと思います。

医療なども、私たちはもうただ死んでいくということができなくなっています。もっと生きたい、まだ死にたくないとジタバタするのですが、そのあがき方も昔とは変わってきています。かつてのように神仙術とか、道教の延命法などを修行するのならまだかわいいのですが、現在多くの人がやっているのは、あらゆる医療的な手段を使って延命することです。でも、そのためには多くのお金が必要となるので、より多くの富を集めようとすることになります。

人間は欲望をなくすことはできませんが、あまりにも欲望が大きくなってしまうのは危険です。

アメリカの金融業界で起きたリーマンショックも元を正せば、一握りの人々が巨額の富を得るために金融商品の仕組みをつくったことがそもそもの原因です。彼らは世界中の人々の欲望を上手に刺激してお金を出させるだけ出させて、いざ問題が起きたら誰も責任を取らないまま、勝ち逃げしてしまいました。

ああした出来事を見るたびに、人というのはそこまで欲望が強くなくてもいいのではないかと思います。しかし、「もう、どうにも止まらない」西洋世界の特徴は世界中に広がっています。

西洋世界を見ていると、「ああ、西洋は止まらないんだなぁ」と思い知らされることは他にもたくさんあります。

たとえば物理学の世界でも、宇宙はこうしてできたというのを説明しようとするとき、東洋は割と大雑把なつかみ方をしているような感じがするのですが、西洋では自然科学的なものも含めて徹底的に解明しようとします。

最近の例では、膨大な時間がかかると言われていたゲノムの解読も、実際に始まったらものすごいスピードで進み、気がついたときには「えっ、もう終わったの？」と言うほどの速さで解読しおえてしまいました。

とにかく西洋では、すべてを暴《あば》いてしまおう、説明しつくしてしまおう、というスピードが止まらないどころか、どんどん加速していくのです。

この「どうにも止まらない」西洋の特徴の源流はどこにあるのかというと、やはり古代ギリシャ、それもプラトンのイデア論なのです。なぜなら、「人間だけが、本当の世界に到達できる。人間というのは、他の生き物と違いすごいものなのだ」という考え方を西洋人に植えつけたのがイデア論だからです。

西洋はキリスト教文化なので、人は神によって「創造されたもの」ではあるのですが、イデアを探求することで、クリエイトする側、つまり神の高みにまで上りつめることができるのではないか、という意識を持ってしまいました。

まったく、プラトンの思いつきのおかげで大変なことになってしまった、というのが正直なところです。

## 「「世界」のすべてを説明してしまったアリストテレス」

その偉大なるプラトンと双璧《そうへき》をなすのが**アリストテレス**（前384〜前322年）です。

でも、アリストテレスは何をした人なのか、と聞くと、すぐに答えが出てこない人のほうが多いのではないかと思います。

聞いてみると、みんなプラトンまでは何とか記憶があるようです。ソクラテスは「無知の知」や「毒杯を飲んだ人」で、プラトンは「イデアと言った人でしょ」、というところまではなんとかなるのですが、「アリストテレスは？」と聞くと、言葉が出ないのです。せいぜい出てきても、「アレクサンドロス大王の先生」ぐらいです。思想について語れる人は滅多にいません。著書も『ニコマコス倫理学』とか『形而上学《けいじじょう》』とか、実際にはいろいろあるのですが、何について語られたものなのかわからない。

実はアリストテレスというのは、日本人にとって、ギリシャ哲学におけるエアポケットのような存在なのです。

でもこれは、ある意味、アリストテレスという人がすべてについて説明してしまった巨大すぎる存在だからでもあるのです。

アリストテレスは、たった一人の人間がこれほどまで広範囲なことをできるのか、と驚嘆するほどのことをやっています。たとえば、彼は生物の分類もやっているし、物体の運動についても語っています。形而上学でも、文学理論でも、ありとあらゆる分野に彼は一家言残しています。すべてについて説明してしまっているので、どこを掘ってもすぐにアリストテレスが出てきてしまう。まさにすべての領域にわたるオールマイティーの知の巨人なのです。

ですから、**アリストテレスは何をした人なのかという問いに一言で答えるなら、彼はたった一人で「世界を説明した人」**だと言えます。

彼がこれほどまで広範囲な分野に手をつけたのも、やはり西洋独特の「どうにも止まらないパワー」の現われだと思います。

アリストテレスの著作は多く、現在伝わっているものは日本でも『アリストテレス全集』として岩波書店から出ていますが、全一七巻もある立派なものです。
その範囲の広さを実感していただくために、各巻の内容を挙げてみましょう。

1　カテゴリー論　命題論　分析論前書　分析論後書
2　トピカ　詭弁論駁論《きべんろんばく》
3　自然学
4　天体論　生成消滅論
5　気象論　宇宙論
6　霊魂論　自然学小論集　気息について
7　動物誌（上）
8　動物誌（下）　動物部分論
9　動物運動論　動物進行論　動物発生論
10　小品集
11　問題集
12　形而上学

13 ニコマコス倫理学
14 大道徳学 エウデモス倫理学 徳と悪徳について
15 政治学 経済学
16 弁論術 アレクサンドロスに贈る弁論術
17 詩学 アテナイ人の国制 断片集

たった一人の人間がこれだけ広範囲の講義をするなど普通はありえません。しかもアリストテレスの場合は、単に講義をしたというだけではありません。知識の量からしても、あるいは影響力の大きさからしても、それはもうほとんど神の所業です。

確かに現在のほうが学問は発達していますが、その分、細分化されてみんなが分担でやっています。実際、このアリストテレス全集も各巻ごとに第一線の研究者がその翻訳に携《たずさ》わっているのですが、それでも完成まで一〇年以上の歳月が費やされたと言います。アリストテレスは、一人でそれを全部やったのですから驚嘆に値します。

しかも彼は原理的に追求しようとしているので、どれも単なる知識の羅列《られつ》でなく、ちゃんと自分の頭で考えています。

もちろん、現代から見れば理論的に間違っているものもありますが、自分の頭で考えながら、これほど広範囲にわたって論ずることができた人間がこの世にいたのだと思うと、「すごい！　すごすぎる！　アリストテレス!!」と言いたくなります。

しかもアリストテレスが登場したのは紀元前四世紀です。中国はその頃すでに文明国でしたが、日本はまだ弥生時代の前期です。

私は登呂《とろ》遺跡の近くに住んでいたのでそのイメージが強いのですが、弥生時代の前期というと高床式の倉庫ぐらいはありましたが、人々は竪穴式住居に住んで稲作を行なっていたという時代です。

つまり、私たちの祖先がやっと米作りをしていたときに、古代ギリシャでは生活するための労働はすべて奴隷たちにやらせて、市民は知の探求だといってこんなすごい講義を受けていたのです。

そんな「すごすぎる」アリストテレスの思想はこの後イスラム世界に伝わり、そちらでも研究されていきます。そのため西洋では一時期忘れられてしまったように見えるのですが、十三世紀、キリスト教と結びつくことで見事な復活を遂げます。

でもその間、本当に西洋で忘れられていたのかと言うとそうではありません。アリストテレスの思想は、「常識」という乗り越えがたい形に姿を変え、人々の思考様式の前提となることで西洋世界を支配していました。

アリストテレスの思想は、こうして形を変えながら二〇〇〇年近くも西洋世界を支配していきます。それはまさに思想の帝国、「アリストテレス帝国」と名づけても過言ではない強大さを持っていました。

## 「やりすぎちゃったよ、アリストテレス」

アリストテレスの思想は西洋世界の百科事典のようなものです。

しかも、みんながこれしか引用しないので、更新されることなく二〇〇〇年近くも生きつづけることになったのです。

なぜ人々がアリストテレスばかり権威の拠り所として引用したのかと言うと、それは、アリストテレスの思想が当時のものとしては危険なほどに完成されていたからです。もちろん、それ自体は素晴らしいことなのですが、その完成度の高さが、かえってこの後の西洋を苦しめることになりました。なぜなら、アリストテレスを超えることが長くできなくなってしまったからです。

さしもの「止まらない」西洋も、これには苦労しました。すごいを通り越して「やりすぎちゃったよ、アリストテレス」です。

プラトンは、まだかわいげがありました。プラトンもいろいろなことを言っていますが、それらは哲学的な思考の範囲内でした。国家論みたいなものにも言及していますが、それはあくまでも、独裁的な僭主《せんしゅ》政治はよくない、こういう国家がいい、という程度のことで、そこにはまだ発展させる余地が残されていました。

ところがアリストテレスの場合は、理念的なことだけではなく、具体的なことまで事細かく分類して体系的に説明してしまったので、彼の思想ですべてが確定されてしまいました。

しかも、そのできが悪ければもっと良くなるようにという工夫が加えられたでしょうが、できが良すぎたために、後世の人がいじることができなくなってしまったのです。こうしてすべての学問において、アリストテレスの思想がそのまま「真理」であるかのように思われていったのです。

アリストテレスは、そのすごさゆえ、ほとんど「神」として扱われました。ここにもう一つ、大きな問題が生じました。それは、ほとんど神の所業だと思われてしまったために、アリストテレスの言ったことが無条件で信じられてしまい、誰もそれを検証するような実験をしなかったということです。

たとえば「重いものと軽いものを同時に落としたら、どちらが早く落ちるか」という命題があります。

現代科学を学んだ私たちは、力学的に言えばどちらも同じだということを知っています。でも、アリストテレスが「重いもののほうが早く落ちる」と言ってしまったために、長い間そう信じられていました。

でも、この程度のことは実際に実験してみれば、すぐに間違いであることがわかったはずです。でも、誰も実験して確かめようとすらしなかったのです。何しろ神様のようなアリストテレス大先生がおっしゃったことですから、それがまさか間違っているとは、誰も疑いもしなかったのです。

これに「本当にそうかなぁ？」と疑問を抱いて、初めて実験してみたのが、実は地動説を唱えたことで知られる**ガリレオ・ガリレイ**（1564〜1642年）でした。

彼は斜面上を物体が転がる実験をして、重いものほど速く落ちるわけではないことを知ります。そして、落下運動をはじめとする物体の運動を数学的に定式化して、アリストテレス大先生の言っていたことが間違っていたことを示したのです。

これが一六〇〇年頃のことですから、アリストテレス自然学が科学的に否定されるまで二〇〇〇年くらい経っています。

しかし、地動説が弾圧されたように、アリストテレス批判もまた、当時のアリストテレスの説をおかしいとは言わせない「アリストテレス圧力」とでも言うべき力に押しつぶされてしまいます。というのも、当時はそれがアリストテレスの説というより、「みんなの常識」になってしまっていたからです。

私たちも知識として知っていなければ、むしろアリストテレスの常識に近いほうにいってしまうのではないかと思います。私もこのことを初めて知った中学生のとき、不思議に思ってガリレオと同じような実験をしたことがあります。

私の周囲の人たちに、アリストテレス自然学のいくつか（たとえば重いほうが速く落ちる）についてアンケートをとって聞いたところ、誤った認識にもかかわらず賛同する人のほうが多かったのです。

そういう意味では、アリストテレスの思想というのは、われわれの持っている常識の世界に即していたとも言えます。アリストテレス的な考えが浸透しやすい素地があったからこそ、彼の学説が西洋世界の常識になっていったということです。

アリストテレスの思想が異常とも言えるほどの長い命脈を保ったのも、彼の思想が常識として受け入れやすかったというところに大きな要因の一つがあったのだと思います。

**こうしてできた「アリストテレス帝国」は、壮大さゆえに、その後の人々の思考を縛る鎖にもなってしまった**のです。

## 「プラトンとアリストテレスの違い」

アリストテレスはプラトンの弟子なので、その思想をある程度は受け継いでいます。でも、両者の思考には、決定的な違いがありました。この違いは、おもしろいことに両者の好みの違いによるところが大きいと言えそうです。

プラトンという人は、ピタゴラス学派と出会って、数学的なものを最高だと思うようになりイデアを思いついただけあって、割と数学的というか、観念的な思考法を好みました。

それに対してアリストテレスは、いろいろな学問に手をつけているのですが、どうも生物が一番好きだったようです。生物というのは、分類をしたり、あるいは生き物ですから成長や変態など、変化をとらえる具体的なことが必要な学問です。

たとえば、プラトンのイデア説では、机を作るといった場合、机のイデアがあるから私たちは机を作れるのだと言います。これはまだ納得できるのですが、chapter1で述べたように、キリンがなぜああいう姿になったのかと言うと、説明に無理が生じます。同様にアサガオのように種から芽が出て生長して花が咲くといったプロセスを持つものについては、アサガオにはアサガオのイデアがあって、というだけでは説明がつきません。

生物が好きだったアリストテレスは、プラトンのイデア論のこうした無理に気がついたのでしょう。

そこで彼は、現実に咲いているアサガオそのものに着目し、**アサガオの種には、やがて生長し花を咲かすという可能性が秘められている。だからアサガオの種はその可能性を秘めた「可能態」だと説明した**のです。このアサガオの種が持つポテンシャルは潜在的なもので、花が開いたときに初めてそれが「現実」になります。

キリンの赤ちゃんはキリンになるポテンシャルを秘めた可能態であり、もっと大きな視点で見れば、キリンから別の生物に進化する可能態であるとも言えます。

要するに、アリストテレスは、現実界のものというのは、まだ形になっていないものが形になるというプロセスであるということで、現実に起きているメタモルフォーゼ（変態）を説明したのです。

このほうがイデア界と現実界を分けて考えるより、説明としてはずっと納得しやすいです。何よりもこうした考え方をすることで、イデア論だけでは説明しきれなかった生き物をカバーできるようになったことは、学問的に非常に大きな意味を持っていました。

おそらく、イデア論だけでは納得できなかった人たちも、アリストテレスの説明を聞くことで、自然界の解明という命題に対する正解が出た、「これですべて説明しつくせた」、と思ったことでしょう。

アリストテレスは、著作の中で、イデア論がどのように間違っているか述べています。


---

イデアを原因として推定した人々については、まず第一に、（一）この人々は、こ

の世に存在する事物の原因をとらえようと捜し求めて、これらの事物と同数の他のものを持ち込んだ。（『形而上学』出隆訳・岩波文庫）

この調子で、イデア論がどのように間違っているか、何個もの理由を挙げて述べているのですが、その際、アリストテレスはイデア論を批判することがプラトンのためであると言っています。

プラトンの弟子であるアリストテレスがそんなことを言うなんて、と思うかもしれませんが、実は、これはプラトンの師であるソクラテスの教えに基づいたものなのです。ソクラテスは常日頃、弟子たちに対して「私の考えを否定することを恐れるな」と教えていました。この教えがソクラテスら弟子のプラトンに、そしてプラトンからアリストテレスへと受け継がれたのです。

アリストテレスは、こうして果敢にプラトンの学説に異を唱えますが、イデア説を完全に否定するには至りませんでした。彼のいうポテンシャルを秘めた存在「可能態」という説明も、見方によっては、イデアに至る道筋を説明したものとも言えます。

なぜなら、アサガオの種を見たとき、そこに見えないアサガオの花開いた姿を見、ヒマワリの種を見たときに、まだ見えないけれどそこに太陽の光を浴びて美しく咲くヒマワリの花を見るということは、可能態としての種にそういうものが詰まっていると考えるのですから、やはりそれはイデアの世界を魂の目で見ているとも言えるからです。

## 「イデアは遺伝子だった？」

花の種を見ただけでは、その種からどんな花が咲くのかわかりません。ですから、種の中にポテンシャルが潜在していたとしても、実際には目に見える形にならなければ何が潜在しているのかということはわかりません。

そういう意味では、アリストテレスの説もイデアを完全に否定したものではなく、イデアをもう少しだけ現実に即して、自然界に見られる現象を段階的に説明できるようにしたものだと言ったほうがいいでしょう。

ただ、イデア論を引きずっているとはいえ、この考え方は結構いいところまで行っていたと私は思います。なぜなら、この「潜在するポテンシャル」は、現在の科学知識を持つわれわれからすれば、これは「遺伝子」の存在について言及したものなのではないか、と考えられるからです。

遺伝子の存在が発見されたのは十九世紀中頃。それが二重らせん構造をしていることがわかったのが、その約一〇〇年後の二十世紀半ば、さらにそれがたった四種類の塩基の配列によって構成されていることがわかり、ヒトゲノムの解読が終了したのは二重らせん構造が発見されてからちょうど五〇年後の二〇〇三年のことでした。

生物の遺伝子は、どれも二重らせん構造をしていますが、それを構成する数にはかなりの違いが見られます。

たとえば、ゲノム解析によって判明したイネの遺伝子の数が約三万二〇〇〇個だったのに対し、人間の遺伝子の数は約二万二〇〇〇個しかありません。イネのほうが人より多いということは、遺伝子の働きは単に数の多寡《たか》だけでは競えないということです。

さらに、ヒトとチンパンジーの遺伝子は九八・八%が共通していると言いますが、実際のヒトとチンパンジーは大きく異なります。ということは、どんな遺伝子を持っているかということもそうなのですが、それ以上にどの遺伝子が働いているのか、つまりどの遺伝子のスイッチがオンになっているかが大きな違いをもたらすのです。

同じ種類のキリンでも、個体によって見た目や能力はかなり違います。これはどんな遺伝子を持っているのか、また、遺伝子のどの部分がスイッチ・オンの状態になっているのかの違いだと考えられます。

馬の中でも特に足の速い種であるサラブレッドは、速く走る遺伝子を持った馬の中でも特に足の速い馬、つまり足が速い遺伝子を持った馬だけを掛け合わせていって作りあげたものです。

しかし、どんなにいい遺伝子を持った馬もそれだけで速く走る馬になるわけではありません。適切な調教をしたり、いい食事を与えることによって、速く走る遺伝子のスイッチがどんどんオンになっていき、本当に速く走る馬になっていくのです。

ですからもともとの馬は神の創造物ですが、サラブレッドは、人間が作りあげた遺伝子の傑作「速くなる遺伝子スイッチ・オンしまくりの馬」だと言えます。

こうした遺伝子を見通す目を持ち、操作することができる存在が神だとすると、現在、ゲノムを解析し、遺伝子操作をしている人間というのは、神に近づこうとしているのかもしれません。

実際、人間はすでにサラブレッドだけでなく、犬においてもさまざまな交配によって新しい犬種を作りだしています。

植物の世界では遺伝子組み換え大豆などが問題になっていますが、そこまでのことをしなくても、人がおいしいと感じる遺伝子を持った個体同士を組み合わせて、よりおいしいと感じるものを作りだす品種改良は盛んに行なわれています。

皆さんもいろいろな野菜や果物が、子どもの頃食べたものより甘くおいしくなったと思ったことがあると思います。イチゴなんて超絶的においしくなっていてびっくりしますが、これも遺伝子を操作した結果だと言うことができます。

そう考えると、品種改良でどんどん遺伝子を操作している人間は、すでに神の領域に足を踏み入れているということです。

このようなことを考えていったとき、私はふと、「もしもプラトンやアリストテレスが遺伝子というものを知っていたら、どのように考えたのだろう」と思いました。

遺伝子の存在を知っても、それでもまだ「イデア」が存在すると言ったでしょうか。

私は、知っていたとしても、やはり言ったのではないかと思います。なぜなら遺伝子はあくまでも現実界のものだからです。

彼らはあくまでも現実界とは別のところにある、超自然的な何かを求めたはずです。いま目に見えるものではなく、もっと奥にあるもの、あるいはもっと高次のところにある何かをひたすら求めていくのがプラトン主義だからです。

## 「本質錯覚論」の落とし穴

私たちも、イデアという言葉こそ使いませんが、現実の奥に何か本質があるのではないか、と考えるときがあります。

たとえば、普段あまりよいことをしなかった人が、たまにいいことをするとすごくほめられ、これこそその人の「本質」だと言われることがあります。

つまり、マイナスが大きければ大きいほど、些細《ささい》なよいことをしただけですごく人間性がいいような気がしてしまうということなのですが、はっきり言ってそれは錯覚だと思います。

**私はこうした考えを「本質錯覚論」と名づけて危惧《きぐ》しています。**

考えてみてください。普段コンスタントにやっていることが本質ではなくて、たまにちょっと出てきたものが本質だなんておかしいと思いませんか？

冷静に考えれば、普段見えているものがその人の本性です。見えている九五％が優しい人は、五％の優しくない時間があったとしても、その人は優しい人なのです。

でも、「本性が見えた」という言い方をすることがあるように、人というのはちらっと垣間《かいま》見えたものこそがその人の「本性」だと思ってしまう傾向があります。奥に本当に大切な何かがあるというチラリズムの世界ですが、スカートの中じゃないんだからと言いたくなります。

「たまに、ふっと見せる表情で、あの人の意地悪な本性がわかった」などと、その人の本質をとらえたような気になっているのですが、これも一種の曲がりくねったプラトン主義だと言えるのではないでしょうか。

意識していなくても、本質は見えないところにあるものだと思っているから、ちらっと垣間見えたものこそ本性だ、本質だと思ってしまう。つまり、プラトン主義こそが「本質錯覚論」の温床なのです。

たまに見える優しさがこの人の本質なんだと思っていると、ドメスティックバイオレンスの温床となってしまうことだってあり得ます。なぜなら、暴力を振るわれてもたまに優しくしてもらうことで「この人は本当は優しい人なんだ」と思ってしまうからです。

私たちには、大事なものは目に見えないところにあるという思いと、その目に見えないものに憧《あこが》れを抱く気持ちがあります。

占いやオーラ、方位や守護霊といったスピリチュアルなもの、超自然的なものに弱いのも根っこは同じです。

もちろん占いの中には、中国の四柱推命《しちゅうすいめい》のように、超自然的と言うよりも統計的な経験知をベースに構築されたものもあります。四柱推命は生年月日をもとに、その人の性格や運勢を占うものです。生年月日だけで運命が決まるというと、非合理的だと思いますが、この背景には中国の長い歴史の間に蓄積された膨大な経験知があると言われると、それはそれで納得できます。

これは、東洋医学で用いられる「経絡」や「ツボ」というものの信頼性も同じです。

私は体調が悪いときに、よくおへその下に鍼《はり》を打ってもらうのですが、打っている先生も「これをやると、なぜかよくなるんですが、なぜかはわからないんですよ」とはっきり言います。

実際、経絡やツボを鍼で刺激する鍼治療は、ものすごい数を打っているなかで、ここは違うとか、ここが効くとかいうことがわかってきたものなのだと言います。ですからここに至るまでには、犠牲になって亡くなった人もたくさんいたと思います。それは、フグのいろんな部位を食べることで、どこに毒があるのか見極め、フグを安全に食べられるようになっていったプロセスともよく似ています。

このように統計に基づいてわかったことは、実験主義の賜《たまもの》と言えるので、スピリチュアルとは少し違います。

でも、そうしたものとは別に、荒唐無稽《こうとうむけい》な占いや霊能者のお告げみたいなものもあります。そして、そうしたものを信じたいという気持ちを多くの人が持っていることも事実です。

では、なぜ人はそうした超自然的なものを信じたくなるのでしょう。

それは恐らく、超自然的なものを信じると気持ちが楽になるからだと思います。

現実と離れたところに説明原理があると、現実の世界を相対化することができるので、この現実がすべてではないとか、超自然的な世界とアクセスすれば現実界を凌駕《りょうが》することができる、と思えるので、現実が辛い場合でも気持ちが楽になります。

卑近な例ですが、恋愛や結婚で悩んだとき占いに頼りたくなるのもこのためです。つまり、現実界の上位に位置する超自然的な世界に頼れば未来を見通すことができ、それによって幸福がつかめるかもしれないと思うのです。

また、超自然的なものに頼ることによって、いまの現実をすべて自分一人で受け止めなくても済むという効果もあります。不運なことがあっても、超自然的な世界に祈ることで楽になれるということです。

こうした二つの効果があって、楽にしてくれるので超自然的な世界を信じたくなるのですが、その根底にあるのは、やはり本当に大切なもの、本質は目に見えないところにあるという本質錯覚論なのです。

## 「西洋の民衆は、みんなアリストテレス主義者」

アリストテレスの思想は、あまりにも巨大すぎて、新しい思想が入り込む余地がなくなってしまったため、その後の西洋世界の人々を無意識に支配しつづけることになりました。

もちろん西洋の思想には、プラトンやアリストテレスだけではなく、キリスト教という非常に重要なファクターも加わっています。でも、次章でさらに詳しく触れますが、そのキリスト教自体が、アリストテレスの思想を自らの補強として用いたため、西洋世界における思考の骨格にアリストテレスの思想がさらに強固な形で組み込まれることになりました。

思考の骨格というのは恐ろしいもので、その社会で生まれ育った人は、生まれたときからずっとそれに馴染んでいるため、アリストテレスの著書を読まなくてもアリストテレス主義者になってしまうのです。

たとえば、私たちは今、普通に近代の日本語を話したり書いたりしていますが、それは近代の日本語を具体的に作りあげた文豪たちの影響を直接、間接に受けているということです。ですから、夏目《なつめ》漱石《そうせき》の作品を一つも読んだことがなかったとしても、近代日本語を使っているということは、漱石の影響を受けているということになるのです。

それと同じように、西洋の民衆は、プラトン、アリストテレスなど読んだことがない人がほとんどでしたが、彼らが常識としていた「世界観」を作りあげたのがアリストテレスだったので、アリストテレス主義者の世界観を身につけていたと言えるのです。

プラトンやアリストテレスの思想は、確かに「本質錯覚論」と私が呼ぶ問題を生みだす素養を含んでいました。しかし、だからといって西洋の思想が悪いのかというと、そういうことではありません。

プラトンやアリストテレスとは正反対に、現実界だけをすべてとする唯物論者・マルクスの思想も、それなりに問題を含んでいます。

マルクスは、割と身も蓋もない物言いをする人ですから、「宗教は民衆のアヘンである」と言いきって、超自然的な世界を完全否定しています。宗教、つまり超自然的な世界に対するあこがれは、民衆を酔わせてダメにするというのです。

確かに、宗教にそういう面があることは事実でしょう。西洋世界を支配したキリスト教会も巨大になるとともに腐敗も進み、免罪符などを売りまくって堕落していきました。もしもイエス・キリストがあの堕落しきった教会の姿を見たら、自分の教えとは一切関係ないと憤慨《ふんがい》したことと思います。

とはいえ、そんなマルクスの思想を国是としたソビエトという国家がよい国家になったのかというと、皆さんもご存じの通り、西洋世界よりはるかにむちゃくちゃな国家になってしまったわけです。

だからといって、マルクス主義そのものがすべて誤りだったというわけではありません。

ソビエトがダメになったのは、マルクスの理論を教義にまで高め、理論から外れる人をすべて排除するために、「粛清《しゅくせい》」という名の虐殺が権力者によって行なわれたからです。でもその実態は、単に権力者にとって都合の悪い人を殺していくというものでした。

マックス・ウェーバーがロシア革命直後に、革命後の国家が権力主義によって、腐敗した官僚制に陥っていくと予言した通りになってしまいました。

ですから、プラトンのイデア論にしても、アリストテレスの思想にしても、マルクスの唯物論にしても、それ自体がいい、悪いということではなく、問題はそれを現実にどう活かしていくのかということなのです。

どんな思想も結局は使う人間次第ということです。

# chapter 3 つくりあげられた「神」という権力

キリスト教に利用された西洋思想

## 「世界を説明するただ一つの原理を求めて」

思想の生命力の強さを決めているのは、「一貫性」です。

プラトンの思想が生き残ったのも、すべての理論の説明をイデアでやってしまおうとする、ある意味無謀ですが、徹底した一貫性があったからだと思います。

机ができたのは、机のイデアがあったからだとプラトンは言うわけですが、ならばペットボトルはどうでしょう。プラトンの時代からペットボトルのイデアが存在していたと言うのは、何度も述べているように、少し無理があるように感じます。

無理があるにもかかわらず思想として強い生命力を持つのは、逆説的に聞こえるかもしれませんが、すべてをイデアで説明しようとしているからこそなのです。

なぜ、無茶な理論でも一貫性を持っていると生命力が強くなるのかというと、人間には**「できることなら、たった一つの原理で世界を説明しきりたい」**という欲望があるからなのです。この野望をこの理論はかなえてくれるのではないか——、そんな期待が思想の生命力を強めるのです。

ただ一つの原理で世界を説明しきりたい。

これは結構根源的な欲望だと私は思います。その証拠に、ギリシャで最初に哲学が芽生《めば》えたとき、思想家たちがこぞって取り組んだ命題が、まさにこの「世界は何からできているのか」という命題でした。

哲学の祖とも呼ばれるタレスは、「万物の根源は水」と考えました。アナクシメネスは万物のもとをアエル（空気）としました。

では、なぜ人間はこのような欲望に取りつかれているのでしょう？

それは、この欲望の正体が、「神になりたいという欲望」だからだと思います。

人間はどう逆立ちしたってこの世界を創ることはできません。世界を創ることができるのは、「神」だけです。

けれども、宇宙を創ることはできなくても、宇宙を認識することはできるのではないか。つまり、全知全能とセットで語られる神の能力の中の、「全能」は無理でも「全知」ならできるのではないか、というわけです。

実際、どれほど大きな野望を持った人でも、全能を望んだ人はいなかったと思います。一方、「全知」のほうは多くの人間が抱いた野望です。

十七世紀のフランス人哲学者・パスカルは、「人間は考える葦《あし》である」という有名な言葉を残していますが、これには「人間というのはたった一本の葦のような小さな存在だけれど、思考によって世界を包み込むことができる。そんなことができるのは、宇宙で人間だけだ」という野望と自負が込められています。この野望はまぎれもなく「全知」という野望です。

パスカルは熱心なキリスト教信者でしたが、このような野望を抱いているという時点で、不遜《ふそん》と言えば不遜です。

すべてを知りたいという野望は、西洋に限ったものではありません。東洋にも「世界を説明したい」という野望はあります。でも、西洋と東洋の野望には、少し違いがあります。

東洋の場合、どこまでも果てしなく認識や理論が発展していくというより、落ち着いていく傾向があります。ウパニシャッド哲学では、個人我（アートマン）と宇宙我（ブラフマン）の一致を説いていますが、これはインド思想の根本として生きつづけました。古代中国の陰陽五行の世界観も基本的に継承されつづけ、安定しています。

また、東洋人が求める「全知」は、どちらかと言うと、経験的に知りたいという欲求に向かいます。これは、手間と時間と根気は必要ですが、調査をすれば得られます。たとえばキノコのことを全部知りつくしたいなら、どんな種類のキノコがあるのか、実際に収集し、標本にすればいいのです。漢方薬などが代表的です。

これに対して西洋の「全知」は、もちろん経験的に知りたいというものもあるのですが、それ以上に、この世のすべてを原理的に説明したいという欲求が強いのです。

西洋では次々に原理が提案され、更新されてきました。原理的な思考によって現実世界を説明するための理論と実証のせめぎ合いが非常に激しく続けられてきました。

ですから、どちらが欲が深いのかと言えば、西洋のほうが欲が深いわけです。そしてこのより大きな欲が、西洋の思想が続いていく原動力になっていったのです。

## 批判・否定こそ西洋の「誠実さ」

古代ギリシャの思想家たちは、本当によく議論をしています。

彼らの著作を読むとわかりますが、彼らは誰も決して引きません。納得した部分があれば「それは納得した」とは言うのですが、「でも、そうだとしたらこうなるのではないか……」というように、延々と議論が続いていくのです。

誰か一人が議論をやめても、すぐにまた別の人が議論をふっかけてきたり、言われたほうがかえって議論に熱を上げたりと、終わることを知りません。

なぜこれほどまでに議論がつきないのかと言うと、人が言ったことを否定すること、批判すること、それこそが人として誠実な態度なのだという考え方が根底にあるからです。

この考え方を明確に打ちだし、否定の連鎖の習慣をつくったのがソクラテスでした。

ソクラテスの思想といって真っ先に思いだされるのは、「無知の知」という言葉ですが、じゃあソクラテス自身はどんな理論を主張したのかと言われると、答えられない人がほとんどです。

でも、それもそのはず、ソクラテスというのは、実は誰の言うことに対しても「それは違う」と言いつづけた人だからです。

「君の論法で言うと、こうなるだろう。それは違うだろう」と。それで相手が言い返すと、「そうなると、こうなって、こうなって、ほら、やっぱり違うだろう」といった調子で、とにかく混ぜ返すのが得意な人だったようです。しかも彼のやり方は、相手の論理に乗っかって相手を否定するので、たちが悪いというか、意地の悪いやり方でした。

これは否定のされ方として一番嫌な方法です。

たとえば、ある人が魂は不滅ではないと考えたとしましょう。それに対して、ソクラテスは反対の立場をとったとします。このとき、相手を否定するために魂は不滅であると言える理論を構築して対抗するのならまだいいのですが、ソクラテスは自分の説についてではなく、ひたすら相手の理論に対して、「それだとこうなるよ」「それはこうなるからおかしいよね」というように、否定していくことで結果的に「だからやっぱり魂は不滅なんじゃないの」と相手をやりこめていくのです。

ですから、はっきり言ってソクラテスというのは、やっかいな人間です。周りの思想家たちからも嫌われることがよくあったと思います。

そんな彼も青年たちには好かれていたようです。青年たちからすれば、偉そうにしている大人たちが全部やり込められていくのが、見ていておもしろくて仕方なかったに違いありません。

同時に、「権威などはない。皆無知なのだ」、「己《おのれ》自身を知れ」といったソクラテスの言葉が彼らの心を強く刺激したことも、彼の青年人気につながっていたと思います。

その結果ソクラテスは青年たちに悪影響を及ぼしていると思われ、毒杯を仰ぐことになりました。

彼を救おうと手をさしのべた人もいたので、逃げようと思えばできたのに、ソクラテスはそれもしませんでした。

これに関して、ソクラテスは法律を尊重したのだと言う人もいますが、私には彼が自らの否定パワーを発揮して、自分自身を作品化したように思えてなりません。そんなソクラテスも、まさかそれがプラトンによって、人類最良の教師の姿として書き残されるとは思っていなかったでしょう。

ソクラテスがあのようなことをしたのは、自分のことを後世に残そうとしたからではなく、そうすること自体に充実感を覚えていたからだと思います。

相手の曖昧な点をとことんついて、相手にわかっていないということをわからせるということがおもしろくて仕方がなかったのです。

自分の理論を相手に納得させようとすると、自分のほうに弱点ができます。「あなた、知っているつもりかもしれませんが、あなたの理論はここに穴がありますよ」などと攻められてしまうからです。

でも、相手の理論を否定するだけなら、自分は何も守らなくていいのですからこれほど強いことはありません。これは一種、インチキではないかと言いたくなるほどずるいやり方ですから勝つに決まっています。

それでも、**「対話（議論）」というものがこのようなルールに則《のっと》って、否定的な意見を相手の感情を気にすることなく言いあえる土壌ができあがっていたということはすごいことだと思います。**相手の気持ちをついつい考えてしまう日本人には絶対にできないことです。

もしできたとしても、日本では通用しないでしょう。

想像してみてください。もしも会社の会議で、「感情的にはあなたを尊敬します、しかしあなたの言っていることは論理的には違うと思います」という言い方をしたらどうなるでしょう。まず通用しません。通用しないどころか、「お前、ムカつくなぁ」と上司に嫌われるのが関の山です。いくら論理は論理として、感情は感情として、と言ったところで通用しないのです。

ソクラテスたちの自由な議論は、やはり西洋という土壌だったからこそ成立し得たものだということです。

アテネでは、ソクラテスだけではなく、多くの市民がフェアなゲームとしての議論に熱中していました。こうした自由で白熱した議論の風土こそ、古代ギリシャが西洋世界に残した最大の遺産ともいえます。

## 「否定エネルギーを封じ込めたキリスト教」

古代ギリシャ衰退後の西洋世界を支配したのは、ローマ帝国でした。

ローマ人はとても実務的な人々だったので、利用できるものは何でも利用しました。そのためギリシャからも多くのものを引き継ぎましたが、その文化的メンタリティはギリシャ人とは大きく異なっていました。

ギリシャ人は好んで議論や証明をしましたが、実務的なことを好んだローマ人は議論を嫌いました。彼らにとって国家の維持に必要なのは、延々と続く哲学的な議論ではなく、法律と軍隊だったのです。

『ガリア戦記』などから推察される、カエサルの頭脳と行動力はまさに天才的ですが、哲学者的ではありません。「政治」の形がアテネとローマとでは変わったのです。一人ひとりが知を愛する者にならなくとも、国家は安定することをローマは示しました。

ローマ帝国は当初キリスト教を迫害しますが、やがて受け入れ、国教とします。でもこれもキリスト教が帝国支配に利用できるから利用しておくか、ということだったようです。

キリスト教を国教としたローマ帝国では、神を否定することは許されません。ということは、教会の偉い人が言うことを否定できないということでもありました。なぜなら教会は神の代理人だからです。

教会を否定できなくなったことによって、西洋世界の世界観は固定されてしまいました。何しろキリスト教の教典『聖書』には、天地創造から始まる世界がすべて説明されてしまっているのです。しかも、聖書というのは紙に書かれていたので一言一句変えることができません。その上、その解釈は教会が読み解いたものに異を唱えることはもちろん、独自に解釈することも許されないのです。

「異端」は死を意味します。

こうしてローマ帝国の拡大とともにキリスト教世界が広がったことによって、西洋の人々から「否定のエネルギー」が失われ、現実の世界や宇宙を読み解こうという発想もなくなっていきました。

すべては聖書に書かれているのだから、答えが知りたければ聖書を読めばいい。

これは、人間の探究心の大もとである自然世界に対する探究心を持つなということでもあります。

西洋世界の「どうにも止まらない」状態を生みだしていた否定エネルギーを発揮できないような装置をキリスト教会が作ってしまったため、西洋世界はここで大きく停滞します。

この「思考停止」状態は長く、十四世紀のルネッサンスまで続きます。「長すぎるだろう」というぐらい、ものすごく長い沈黙です。

美術の世界も同じでした。キリスト教会が絵画のテーマを宗教画に限ったうえ、「美」も固定させてしまったので、人々は絵も自由に描けなくなってしまったのです。

絵画も彫刻もギリシャ時代は、みんなが自由に発想し見事に花開いていたのですから、これは停滞どころか明らかな文化の後退でした。

聖書にすべてが書かれているといっても、実際にはすべてを網羅《もうら》できていたわけではありません。この大きな穴を埋めるためにキリスト教会が利用したのが、「プラトンのイデア論」と「アリストテレスの思想」でした。

当時アリストテレスの思想は人々の常識になりつつあったのですが、キリスト教会がそれを採択することで、もうそれでいい、それ以上考える必要はない、ということにしてしまったのです。

「お前たちはもう何も考えなくてもいいのだ。聖書によって、そしてプラトンによって哲学的に説明されている。具体的ないろいろな分野においてはアリストテレスがすべて解説している。だからお前たちが自分で考えることはもう何一つないのだ」と教会が言っているみたいなものです。

それに、考えようとしても、アリストテレスの上をいくのは難しい気がしてしまったことでしょう。一つの分野ぐらいなら違うことを言えるかもしれませんが、彼の思想全部となると、普通の人では勉強している間に一生が終わってしまいます。

プラトンのイデア論は、後にニーチェが「キリスト教は民衆のためにアレンジされたイデア論だ」と言ったほどキリスト教と似ています。

なぜなら、イデア論もキリスト教も目に見えない世界の存在を無条件で信じ、重んじるものだからです。そういう意味では、イデアと神は限りなくイコールに近いのです。

イデア界は目に見えない世界なので、それ自体が雲をつかむような話です。その存在を立証することもできませんが、同じぐらい否定することもできません。

キリスト教圏の人々はプラトンのイデア論を学んだことなどなくても、アリストテレスの思想を常識として身につけていたように、キリスト教を深く信じていた時点でイデア論を深く信じているのと同じことだったのです。

しかも彼らは、生まれてすぐに洗礼を受け、幼い頃から信仰を刷り込まれます。そうした人にとって、自分が信じているものを否定することは自己否定になってしまうのでとても難しいことです。

さらに、もし否定しようとしたとしても、そのときは政治的な圧力がかかります。この圧力は単なる思想弾圧ではありません。「異端審問」という名で最悪の場合は火あぶりにされてしまうわけですから、人々はますます何もできなくなっていったのです。

**プラトンやアリストテレスは、師の理論を批判することを恐れるなというソクラテスの教えを引き継いでいましたが、キリスト教と結びついたことで、これが失われてしまいました。**そのため、教会の力が強くなれば強くなるほど、社会からは真理を求める声がだんだん小さくなっていったのです。

こうしたことは必ずしも過去の話として済まされるものではありません。同じようなことはソビエトをはじめとする社会主義国でも起きています。

社会主義国の思想基盤は、基本的に差別のない素晴らしい世界をつくることこそが善なのだというものです。これだけ聞くと崇高な思想だと思うかもしれませんが、実際にはその国では真理や美の追究は許されず、それどころか、国家の思想に異を唱える者はみな迫害されてしまいました。

こうすることこそが人の善なる生き方だ、ということを権力を持った人間が民衆に対して強制したときには、真や善を踏みつぶしてしまう危険性があるのです。

## 「プラトン、アリストテレスを利用した天才アウグスティヌス」

**プラトン、アリストテレス、キリスト教の三者が結びつくことで、否定を許さない巨大な思想帝国ができあがりました。**この思想帝国の寿命は、ローマ帝国より長く、プラトンを始点とすると約二〇〇〇年近くも続くことになります。

この帝国で好んで用いられたのが、いわゆる「三段論法」でした。

三段論法はアリストテレスが用いたことで有名になった論理的な推論法で、基本的には「大前提」「小前提」「結論」という三つの命題によって推論を展開していきます。言葉だけだとわかりにくいと思いますので、アリストテレスがその著書『分析論後書』で紹介している例を引用しましょう。

(大前提) すべての人間は死すべきものである。

（小前提）　ソクラテスは人間である。
（結論）　ゆえにソクラテスは死すべきものである。

確かにこれだけ見ると、とても論理的な手法に思えるのですが、このように異なる命題を全部つなげて考えてしまうのは、実はとても危険な思考法です。なぜなら、そこに「飛躍」が生じてしまうからです。

現在では三段論法で話を進める人は怪しい、ということは多くの人が知っています。実際、マルチ商法とか、怪しげな金融商品をセールスする人たちというのは、「これはこうなっております。なおかつこれはこうです。だから絶対に儲《もう》かります」といった三段論法を好んで使います。ですから、今や三段論法は、これを使ったらもう怪しい、そこには絶対飛躍があると思ったほうがいいぐらい怪しい理論なのです。

人間はすべて死ぬという当たり前のように見える命題でも、突きつめれば経験的にそう見えるだけです。ですから、九九・九九%の確率で死ぬらしいというだけで、一〇〇%とは言えません。

このように、「人は必ず死ぬ」という一見すると確実な命題のように見えるものでも、実は絶対真理を表わしている命題ではないのです。

しかし、アリストテレス大先生が使ったために、そして人々がアリストテレスを賛美するあまり、三段論法まで賛美し、「理論というのはすべて三段論法でできる」的な空気をつくりだしてしまいました。

実際、論理学の分野では、十九世紀に入って論理を数学的に扱う記号論理学が発達するまで、アリストテレスのつくった論理学が幅をきかせつづけたのです。

どんな命題も実は仮説にすぎません。それに加え、論理が入れ換わるときには、そこで嘘が混じってくることもあります。でも、多くの人はそのことになかなか気がつきません。そういう意味では、議論を重んじるのはいいのですが、お互いの対話の中で、みんながイデア論に、さらにはアリストテレスに言いくるめられてしまったところがあるのです。

でも、最も怖いのは、これを利用しようとした人がいるということです。さきほどのマルチ商法の怪しげなセールスもそうですが、神の存在を絶対とし、それを証明しようとしていた教会の人たちにとって、これほどツボにはまる、都合のいいものはありませんでした。

ですから、「プラトン・アリストテレス・キリスト教の思想帝国」を作りだした原因は、「プラトン・アリストテレスとアウグスティヌスが手を組んだ結果」だと言ってもいいかもしれません。

**アウグスティヌス**（354～430年）は、カトリック最大の教父とも呼ばれ、『神の国』や『告白』といった著作で有名な神学者です。彼がキリスト教というものを補強するためにプラトンを採用して、それをうまくキリスト教の中に取り込むことでプラトンを絶対的な権威に仕立てあげました。つまり、プラトンもキリスト教も結びつくことでお互いに補強しあうことになったのです。このへんがうまいところです。

互いにと言っても、プラトンとキリスト教では、キリスト教のほうが時代的には後なわけですから、両者に直接的な関係があったわけではありません。ですから、キリスト教が一方的にプラトンを利用したことは確かです。

しかし、プラトンとキリスト教については、ただ単に利用したのではなく、互いにつながるものがあったのかもしれません。というのも、非常に興味深い説があるのです。

それは、プラトンが北アフリカを旅したとき、キリスト教の母体となった一神教「ユダヤ教」と接触があったのではないか、という説です。

これはまだ証明されていない説なのですが、もしそうだったとすると、プラトンは北アフリカを旅した後でイデア論を説いたわけですから、イデアという発想の陰に一神教的なものがあった可能性が出てきます。

ユダヤ教の神は、唯一絶対神で、プラトンが慣れ親しんでいた古代ギリシャののんきな神々とは大きく違います。そのユダヤの神が持つ絶対的な世界、そこから絶対理性みたいなものを想定させることでイデア論につながっていったのではないか、実際、そういう説を唱えている研究者もいるのです。

もし本当にそんなことがあったとするなら——、ユダヤ教がきっかけとなって誕生したイデア論が、その後アウグスティヌスがそれをキリスト教の補強に用いるまでの約一〇〇〇年近くを生き延びて、再びユダヤを発祥とするキリスト教と結びつき、その補強に貢献するのですからすごいことです。

## 「信仰からの脱却──自然科学の誕生」

こうした思想の帝国に対して反旗を翻《ひるがえ》すというのは、信じられないぐらい大変なエネルギーを必要とすることでした。そのため、最初から完全否定を主張する人が現われたわけではありません。

それまでの常識を覆《くつがえ》すような説を唱えることを「コペルニクス的転回」と言います。この言葉はドイツ観念論哲学の祖と言われるカントが自らの思想を評した言葉です。

**コペルニクス**（１４７３～１５４３年）は、教会が主張していた宇宙の中心は地球であるという天動説に対して、中心は太陽だとする地動説を唱えた十六世紀初頭の天文学者です。確かにコペルニクスの主張は常識を覆すものでしたが、彼自身はまだ神を信じていました。

彼が信じていたのは、どうもピタゴラス学派的な神だったらしいのですが、太陽信仰なのです。つまり彼は、太陽は神なので中心に位置し動かない、動くのは地球のほうだ、という信仰を持っていたのです。ですから完全に「信仰」というものから脱却していたわけではありません。

コペルニクスより実際の天体観測を重視したのが、**ヨハネス・ケプラー**（1571～1630年）でした。コペルニクスは宗教的観念から脱しきれず、惑星の軌道はきれいな円軌道を描くはずだという考えに縛られていましたが、ケプラーは観測資料を重視したことによって、惑星が円ではなく楕円軌道を描いていることを発見しました。これが「ケプラーの法則」と呼ばれているものです。

ケプラーとほぼ同時期に活躍したガリレオ・ガリレイも自ら望遠鏡を作り、天体の動きを観測しています。太陽黒点を発見したのもガリレオです。

彼は天体観測だけでなく、斜面を利用した物体の落下実験なども行なっています。彼が同時代の学者とは少しレベルが違うのは、観察や実験を行なうだけでなく、それによってわかったことを、理論だけでなく、数学的な処理をして、誰が見てもわかるようなはっきりとした数字で表現したということです。

観察や実験で得られるデータというのは、そのままではバラバラです。それを数学を使って処理することによって、「実験・観察・数学」を合体させていくところから自然科学はスタートしていきます。それをいち早くやったからこそ、ガリレオは近代科学の父と評されるのです。

「この世界は、神とかいう問題ではなく、現実界のものが動いている世界なのだ。これまでわれわれは『神』という思考にずっととらわれてきたけれど、もうやめないか?」「もうこの世界を説明するのに神なんか持ちだす必要はないんだよ」ということを、ガリレオは自らの実験と観察をもとに人々に訴えかけていたとも言えるのではないでしょうか。

この世界の謎を解き明かし、自然や宇宙を物理学的に説明できてしまったら、神は必要ないということになります。特に人格神などはまったく必要なくなってしまいます。なぜなら、「じゃあビッグバンのときに、白いひげを生やしたおじいさんのような神様がそこにいたの?」ということになってしまうからです。

それまで教会が「これこそが真理だ」と言い、否定することも疑問を抱くことも許さないという態度で守ってきたものが、自然科学の登場によってバカげたおとぎ話に転落してしまいました。そして、それを恐れたからこそキリスト教会はガリレオを弾圧したのです。

『ダ・ヴィンチ・コード』で有名になったダン・ブラウンの小説『天使と悪魔』は、まさにこの教会対ガリレオ主義者の攻防の図式をテーマにした作品です。

『天使と悪魔』ではガリレオをはじめとする多くの科学者が、カトリック教会の迫害に対抗するために秘密結社「イルミナティ」を設立し、カトリック教会に対し、どれほど長い年月がかかっても必ず復讐をすると誓いをたてる、という設定になっています。

実際、こうした小説が生まれるほど西洋世界においてキリスト教は重く、はね返しがたい力を持っていたのです。

## 西洋の遺伝子に組み込まれた「否定エネルギー」の復活

長い年月がかかりましたが、西洋はとうとうキリスト教という重しをはねのけ、自然科学を芽生えさせます。

一度芽生えた自然科学は、その後、ものすごいスピードで進んでいきます。そのすごさはまさに「どうにも止まらない西洋」の復活です。

自然科学が発達し科学技術が生まれると、産業革命が起きて、西洋列強となった諸国は瞬《またた》く間に世界中を植民地支配していきました。その間わずか三〇〇年ほどしかかかっていません。

西洋が長い停滞期にある間、自然科学の中心はイスラム世界でした。科学も技術もすべてイスラム世界のほうが進んでいたのに、あっという間に西洋は乗り越えてしまいました。

なぜこれほど早く西洋の科学は進んでいったのでしょう?

それはやはり、古代ギリシャ世界の頃から西洋の遺伝子に組み込まれていた「否定エネルギー」が目覚めたからだと思います。つまり、二〇〇〇年間眠っていた遺伝子が、ここでスイッチ・オンになったということです。

もともと西洋には人間の理性というものは特別で、とても素晴らしいものなのだという認識がありました。「理性」があるから、人間は特別な存在であり、動物などよりも偉かったのです。

しかし、キリスト教の支配下では、その理性の素晴らしさを使って合理的に実験をしようという方向ではなく、その理性を用いて神の世界に近づくことこそが素晴らしいのだというところに行ってしまったため、理性主義が変な形で行き止まりになってしまいました。

それがガリレオたちの登場によって、実証主義的な合理主義のほうに舵《かじ》が切られたことで、その行き止まりの壁に少し風穴が開き、穴が開いたことで次々にそれに乗っかってくる人が現われ、どんどん加速していったのです。

科学は、前の人の仮説に対して「これは違うのではないか？」というふうに疑問形の否定をぶつけ、実験を通して検証していくことで進んでいくものです。難しいのは最初の「疑問形の否定」を抱くことです。これさえあれば、あとは具体的な実験を一つずつ積み重ねていけばいいのですから、一歩ずつでも確実に進んでいくことができます。

ですから、なぜ西洋でこれほど速いスピードで科学が進んだのか、という疑問の答えは、西洋に「どうにも止まらない」という文化的遺伝子があり、それが自然科学と結びついたからだと言えます。

前のものをとにかく否定して次にいく。そしてまたそれを否定することで、新たなエネルギーを得ていく。こうした「否定エネルギー」こそ、西洋の持つ決定的文化遺伝子だと私は思います。

ちなみに、東洋世界にはこうした「否定」をエネルギーにして進んでいくという文化的遺伝子は希薄です。西洋世界の文化的特徴が革新と進歩なら、東洋世界の文化は復古と安定の繰り返しと言っていいでしょう。

東洋では長い間孔子が道徳の規範を担《にな》ってきました。だいぶ薄れましたが、現在でも『論語』が時々ブームになったりすることがあるように、たびたび読み直しがなされ、その時代に合った解釈を取り入れながら東洋の精神的支柱でありつづけています。

では、それは孔子一人が特別すごかったからなのかと言うと、そうではありません。孔子は自らの思想を「述べて作らず」と評しています。これは、「自分で発明したものは何もない。自分は素晴らしい先人たち、つまり聖人、聖王たちの語っていたことを言っているだけで、自分の創案ではない」という意味です。

ここにあるのは、よほどよいものでなければ変えないほうがいい、むしろ、変えないほうがうまくいくのだという考えです。

私は日本人だからかもしれませんが、少なくとも人類はこのままの形で何万年も生きてきたわけですから、あまり変えないほうが長く生きていくにはいいのではないかと思います。大きく変えることはそれだけリスクも大きく、人類が急速に滅亡に近づいていくことになるような気がします。

まだ人類滅亡の危機とまでは言われていませんが、今の人類が科学を進歩させてきたことが地球環境の破壊につながっていることは事実です。

アインシュタインは西洋的思考の最高の開花ですが、彼の「$E=mc^2$」という式から原子力活用の道が開け、原子力発電の恩恵を受けると同時に脅威に身をさらすことになったプロセスは、西洋的な加速主義を象徴しています。

環境破壊を招いた急激な自然科学の進歩を生み出したエネルギーの根源とは、西洋世界に刷り込まれた、変化しつづけることがいいことなのだ、発展することがいいことなのだという「どうにも止まらない遺伝子」です。そして、このいわばミッションのように刷り込まれているやっかいな遺伝子こそが西洋の本質ではないかと、私は思うのです。

# 第Ⅱ部

# キリスト教からの脱却を目指せ

## ——近代合理主義と哲学の完成

chapter

# 4

# ゼロ地点は俺だ

デカルト「我思う、ゆえに我あり」の真実

## 「やはり「批判」から始まった近代合理主義」

長く西洋世界を支配した「プラトン・アリストテレス・キリスト教の大帝国」に風穴を開けたのは、自然科学でした。

科学というのは、一つずつ小さな石を積んでいくように「否定」を積み重ねていくことで進んでいきます。ここでいう「否定」とは、頭から完全に違うと言ってしまうことではなく、間違った部分を指摘し何が正しいのかを論じる「批判」ということです。ですから、科学は批判精神、批判エネルギーによって進んできたと言っていいでしょう。

二十世紀の科学哲学者**カール・ポパー**（1902〜94年）は、反証可能であることが科学であることの条件だとしています。

この自然科学の影響を受けて、帝国の支配から脱しようとする多くの思想家たちが登場してきます。これが西洋思想を〝ざっくり〟三つに分けた中の「第二の山脈」の始まりです。

この時代の思想は自然科学の影響を強く受けています。その証拠に、この時代、すなわち「第二の山脈」の一つのピークとなり、ドイツ観念論哲学の祖と呼ばれる**カント**（1724〜1804年）の著作のタイトルには『純粋理性批判』とか『実践理性批判』というように、「批判」という言葉が数多く使われています。

マルクスの著書『資本論』も、もともとは『経済学批判』という、それまでの経済学を批判する本に推敲《すいこう》を重ねていったものです。

こうしたタイトルからもわかるように、この時代の思想の特徴は、いままでの理論を批判することで進んでいきます。

たとえば、『純粋理性批判』という本では、純粋理性というものを批判的にとらえ、整理して、区別してみよう、という内容が展開されていきます。これが「批判」ということです。批判することこそが学問の王道だ、いままでのものを検証しておかしいところを直していこうよ、というのです。

こうした思考法が生まれたことで、人々は権威主義から脱するエネルギーを得ます。その結果、これまで頭から信じこんでいたアリストテレスについても、一度検証してみようということになりました。

するとどうでしょう、たくさん間違っているではないですか。

私は中学生のときにアリストテレスに関する本を読んで、「こいつはどれだけ間違うんだ」ということに感動したことがあります。これも間違っている、これも間違っている、もしかしたらアリストテレスさえいなければ、もっと文明は早く進んだのではないか、アリストテレスなんかいないほうがよかったのではないか——、と当時はまだ若かったので、そう思うことがあったほどです。

もちろん、当時の私の考えは間違っています。アリストテレスがいなければよかったのではなく、アリストテレスの言ったことをもっと早くに批判すればよかったのです。それをせずに、彼を権威化してしまったのがよくありませんでした。

この時期に人々が権威主義から離れることができたのには、もう一つ大きな理由があります。それは自然科学の目覚めとも大きく関わっているのですが、いろいろな事情から、当時西洋世界最大の権威であったキリスト教（より具体的に言うならローマ・カトリック教会）が世俗化しすぎて、力が弱まっていたということです。

教会の圧力が弱まると、それに代わって近代の市民階級と呼べるものが少しずつ勃興《ぼっこう》して力を持ってきます。そういう社会的な変化を背景に、新しい市民のための勢いのある世界観として、権威を批判する思想が現われます。それが啓蒙《けいもう》主義の時代を切り開いていきました。

カントは『啓蒙とは何か』という著書の中で、「啓蒙とは人間が自ら招いた未成年状態から抜け出ることである。未成年状態とは、他人の指導なしには自分の悟性を用いる能力がないことである」と述べています。つまり、「啓蒙とは暗く無知蒙昧《もうまい》な状態（＝未成年状態）に光を当てて、よく見えるようになること」だと言うのです。

また、もう一つのピークとなる**ヘーゲル**（1770〜1831年）は、フランス革命を目の当たりにし、これこそ有史以来初めて西欧社会に真の自由をもたらした人類の到達点だと評価し、これで神ではなく自分たち人間が歴史をつくっていることが証明された、と述べています。
こうして自然科学の小さな一穴から始まったこの山脈は、ヘーゲルに至って「人間」というものがついに頂点を極めることになるのです。

## 「我思う、ゆえに我あり」の本当の意味

**デカルト**（１５９６～１６５０年）は、哲学者の中でもかなりの有名人物です。彼の「我思う、ゆえに我あり」という言葉は、ラテン語で「コギト・エルゴ・スム（cogito, ergo sum）」ということから、略して「コギト」と呼ばれますが、おそらく近代哲学の命題の中でも最も有名な台詞《せりふ》だと思います。

わたしは、それまで自分の精神のなかに入っていたすべては、夢の幻想と同じように真でないと仮定しよう、と決めた。しかしそのすぐ後で、次のことに気がついた。すなわち、このようにすべてを偽と考えようとする間も、そう考えているこの

わたしは必然的に何ものかでなければならない、と。そして「わたしは考える、ゆえにわたしは存在する〔ワレ惟《オモ》ウ、故ニワレ在《ア》リ〕」という真理は、懐疑論者たちのどんな途方もない想定といえども揺るがしえないほど堅固で確実なのを認め、この真理を、求めていた哲学の第一原理として、ためらうことなく受け入れられる、と判断した。（『方法序説』谷川多佳子訳・岩波文庫）

「我思う、ゆえに我あり」というのは、「自分が考えるから、私は存在する」ということですが、これも考えてみるとおかしな話です。ごく普通に考えれば、「我存在する、ゆえに我は思うことができる」でしょう。なぜなら、私が存在しているというのは、何も私が「思う」からではないからです。「思う」のをやめていても「我」は存在しています。

では、デカルトはなぜこんなことを言ったのでしょう?

ポイントは「存在」という言葉の意味です。デカルトは、肉体としてここにあるという意味で「存在」という言葉を使っているわけではありません。そういうことではなく、**「理性という存在として、ここに確固たる自立がある」**、つまり「自立している」という意味で使っているのだと思います。

哲学というのは、拠点、足の踏み場所、あるいは拠《よ》り所というべきものを求めつづけ、問いつづけてきたものです。ですからデカルトのこの命題というのは、ごく簡単に言えば、「遡《さかのぼ》っていくと何が拠点になるのか」と問いつづけてきた哲学の流れの中で、「俺はついに疑い得ないものを見つけたぞ」ということで、「もう遡って考えるのはやめよう」と、これまでの遡りたがる思考傾向にとどめを刺したのです。

この命題の発想が秀逸なのは、「疑ってみよう」ということからスタートしていることです。

とりあえず、疑えるものは全部疑ってみる。

実際彼は、神の存在すらも疑っています。まあ、これについては疑うものの、最後には神を証明してしまったりするのですが、それでも、神さえも一応は疑ってみるというのは、当時としては画期的なことでした。

とにかく、デカルトは何も前提を設《もう》けず、すべてを疑ってみます。目に見えているものも、本当にそう見えているのか、見えているとしてもそれは錯覚かもしれないというように、ひたすら疑ってみる。そうしていくと、この世には何も確実なものがないように思えてきます。

そうしてすべてを疑い、すべてが疑わしくなった中で、彼はたった一つだけ確かなものを発見します。

それが、「疑うという作業をしている自分の意識」でした。

いま自分が疑っている内容の吟味《ぎんみ》という点では真か偽かというのはわからない。だけど、その真か偽かを調べようとしている自分は、いるかいないかと言えば、それだけは「いる」ということが言えるような気がします。そういう意味では、デカルトは非常にうまいところに視点を置きました。「ナイス思いつき」です。

これだけの名言を思いつきと言ってしまうのは失礼かもしれませんが、実はよく考えるとツッコミたくなるところが多々あります。

たとえば、考えていると言っても私たちは夢の中でもいろいろなことを考えます。でも夢の中なんてそれ自体がいわば「偽の世界」なのですから、その偽の世界の中で自分が考えているということを意識したらどうでしょう？　確実に存在していると言えるでしょうか？

あるいは、デカルトは「全部疑っている」ということを理性的に考えることの根拠にしていますが、ここでは後にフロイトが指摘したような「無意識の世界」は無視されています。

時代的には、フロイトの登場はデカルトよりずっと後なので仕方ないことではあるのですが、人間の思考というのは、意識的に考えているものより、そうではないもののほうが実際にはずっと多いのです。そうなると、「思っているから存在している」とは言えないのではないか、と考えられます。つまり、「我思わなくても、無意識がうごめいていれば私はある」ということです。

ですからフロイトが出てきてしまうと、デカルトの言ったことは彼が思っていたほど確実なものではなく、その一部なのではないか、ということになってしまうのです。

デカルトが言いたかったのは、人間存在の全体がそこにあるという意味ではなく、理性というもののすごさを証明するための確実な拠点が「思う＝考える」ことにあるということだったのでしょう。

つまり、「我思う、ゆえに我あり」という命題はあくまでも論理的な〝しかけ〟であって、人間存在が考えることですべて成り立っていることを証明しようとしていたわけではないということです。

では、全然無関係だったのかというと、そういうわけではありません。なぜなら、デカルトは『方法序説』という著書の中で、すべての人間には「良識（ボン・サンス＝bon sens）」が与えられており、その良識を使うことで私たちは物事を疑ったり検証することができる、と言っているからです。

ここでデカルトは「良識」を「理性」とほぼ同義で使っています。そして、良識は人間だけが持つものなので、それは神がすべての人に与えたプレゼントだと言います。

まあ実際には、良識が働かないというか、もともと与えられてないんじゃないかと思いたくなるような人もたまにいますが、一応、すべての人間が持っていると考えれば、人は理性の力で考えていると言えます。

そんな理性で考えている人間は、ただ考えることができるだけでなく、自分が理性的に考えようとしているということを認識することができます。そんなことができる存在は、この宇宙広しと言えども他にはいないのではないか、だから、そこだけは人間にとって「確かな足場」と言ってもいいのではないか、とデカルトは考えたのです。

## 「ゼロ地点は俺だ――「コギト」と座標軸の意外なつながり」

デカルトのこうした思想は、それまでの長いアリストテレス・キリスト教の思想帝国からの脱却を意味する哲学上の画期的な発見でした。

なぜ「コギト」が近代哲学において、これほどまで重要な命題とされているのかというと、それが「近代的な自我の目覚め宣言」だったからなのです。

俺が考え、俺が疑っているのだから「俺中心主義！」、これがデカルトです。

日本では哲学者として知られるデカルトですが、彼は自然科学や数学の分野でも業績を残しています。その中で最も私たちに馴染みの深いものが「座標軸」です。数学で習ういわゆる「ｘｙ軸」で表現される平面は、「デカルト平面」と名づけられています。

実は座標軸というのは、非常にデカルトらしい、ものすごく画期的な発明品なのです。

座標軸のすごさは、直交する二つの直線さえあれば、それからの距離によってすべての点の位置が示せるということにあります。

平面であればｘ軸とｙ軸が決まれば、ｘ軸の何とｙ軸の何ということで、数字ですべての位置をとらえられます。空間であっても、x軸、y軸にz軸を加え直交する三本の直線を設定すればすべての位置を数字でとらえられます。

ということは、宇宙の星であっても、座標軸さえ決めてしまえば、どの位置にそれが存在しているか説明できるということです。これは、少々大げさな表現ですが、座標軸で宇宙空間をも説明できてしまうということです。

自分のいる場所で、自分が作った線で、宇宙のすべての位置を定められる。すごすぎる発明品ですが、これを発明した根底にあるのは、やはりデカルトの「俺中心主義」だと私は思います。

そもそもデカルトは、数学という学問の確実性を取り戻すために、哲学の世界に突入してきました。数学の定理や公理も疑おうと思えば疑える。そうすると、数学という学問自体が成り立たなくなってしまうので、その拠り所が必要だったのです。

一般的には「座標軸」と「コギト」がつながりを持って語られることはないのですが、私の中ではこの二つは原理的につながっています。

なぜなら、**「ゼロ地点は俺だ！」というのがまさにコギトの考え方**だからです。

座標軸を設定するには、原点を定めなければなりません。すなわち、座標軸を設定するということは「俺がゼロ地点だ」という宣言なのです。そして、それによって、他のものすべての位置が定められていく。

だからといって、他の人を否定しているわけではありません。他の人は他の人で座標軸を設定し「ゼロ地点は俺だ」とやればいいのです。俺は自己中だが、他の人も自己中でいい。人間というのは、一人ひとりがそれほどすごい存在なのだということです。

こう考えると、デカルトが『方法序説』の冒頭に書いた「良識はこの世でもっとも公平に配分されているものである」という文章が、まさに筋の通ったものとなります。そして、理性によって自ら座標軸を設定しゼロ地点となれる人間という存在が、いかに神に祝福された存在か、ということもわかります。

そんな素晴らしい「良識」を与えられている人間は、それを生かす生き方をしなければなりません。理性を失ったような行動をとる人は、もはや人間をやめてしまったほうがいい、ぐらいの勢いです。

## 「原点を定めてすべてを位置づけたい」

実は私も、今回デカルトを読みなおすまで、座標軸とコギトが結びついていることに気づいていませんでした。少なくともこれまで読んだどんな本にもそんなことは書かれていないので、もしかしたらこれは私の発見かもしれません。

もしそうだとしたら、これはなかなかの発見なのではないかと、自分でもちょっと驚いています。

でも、一度気づいてみると、座標軸とコギトが結びついていることは明らかです。

昔の哲学者というのは、思想だけをねちねちやっているという人は少なく、自然科学や天文学、言語学や数学など複数の分野で業績を残している人が多いのですが、その業績は分野ごとに説明されてしまうため、関係性が論じられることはほとんどありません。

でも、同じ一人の人間の発想なのですから、分野は違ってもそこには何らかの共通する理由があるはずです。

おそらく今回私が座標軸とコギトの結びつきに気づいたのは、私が哲学の専門家ではないからだと思います。専門家と私では、同じ哲学者を見ても視点が違います。私が注目しているのは、いつもそこに関わっている人の「欲望」です。

西洋の思想家たちを見ていると、彼らがとことんまで証明したがることに驚かされます。そこにあるのは、「証明欲」とでも言うべき大きな欲望です。

デカルト本人が自分にそうした欲望があることを意識していたかどうかはわかりませんが、彼がどこかに確かなポイントを決めて、そこから世界をすべて確定していきたいという強い欲望を持っていたことは確かです。そして、座標軸は数学的にその欲望を満たすものであり、コギトは哲学的にそれを満たすものとして発想されたものなのです。

この発見には、ちょっといい後日談があるのでご紹介しましょう。

座標軸とコギトのつながりを発見し、少々興奮していた私は、青森のある高校で全校生徒を前に講演をする機会があったので、そこで学生たちに一つの質問をぶつけてみることにしたのです。

彼らは高校生なので、座標軸がどのようなものか当然知っています。そこで、「君たちが数学で使っている座標軸を発明したのは、実はデカルトなんだよ」という話をし、次に簡単にデカルトの「我思う、ゆえに我あり」の説明をしました。その上で、次のように聞いたのです。

「では、座標軸とコギトの関連性は何でしょうか?」

すると、全校生徒で七、八〇〇人ぐらいはいたと思いますが、二階席の奥のほうに座っていた一人の男子生徒が「原点がある」と答えたのです。

会場は「おおーっ」とどよめきます。

正直なところ正解が出るとは思っていなかったので、私もとても驚きました。しかも答えたのは高校一年生だったのですが、くだくだしい説明をせず、「原点がある」とたった一言で本質を言い当てたのです。

私は座標軸の説明でも「原点」という言葉は使いませんでしたし、「我思う、ゆえに我あり」の解説ではもともと原点という言葉は出てきません。それなのに、両者をつなぐものは何かと考えたときに「あっ、どちらにも原点がある!」と気づいたのですから、これは素晴らしい発想力です。

私は拍手をして「素晴らしい!」と彼を心から賞賛しました。

彼も倫理社会で習っていることと、数学の授業で中学生のときから使っていた座標軸が結びついたのですから、ちょっと感動的な体験だったと思います。

この後、同じ質問を大学生に対してもしてみたのですが、やはりここでも正解が出ました。もちろん、みんなが答えにたどり着けたわけではありません。それでも、問いを投げかければ、ただデカルトの本を読んだだけでは気づかないことに、大学生はもちろん高校生でも、何百人かに一人は気づくことができるということは、私にとっても大きな発見でした。

いい問いを立て、うまく導けば、高校生でも、数学と哲学という一見関係がないように思えるものの中から融合している点を見つけ出すことができる。ソクラテスではありませんが、いい教師とは何なのか、そして、問いを立てることがいかに重要なことか、改めて痛感させられるできごとでした。

## デカルトによる「神の存在証明」

「俺が中心（ゼロ地点）だ」と、俺中心主義を唱えたデカルトですが、それでもまだ神から脱却しきれてはいませんでした。その証拠に、デカルトが自己の存在証明の次に取り組んだのは、神の存在証明でした。

デカルトがユニークなのは、神の存在証明を自分の意識と関連づけて行なっていることです。これはそれまでにはなかった手法なので、新たな証明の仕方を提示したということは注目すべき点です。

しかし、せっかくこの世界のものはすべて疑える、疑いのないのは疑っているという自分の意識だけ、というところまでこぎ着けたのに、そのやっと見つけた疑いのない意識を神の存在証明に用いるなんて、「これでは、もとの木阿弥《もくあみ》じゃないか」と思ってしまいます。

ただ、それもある意味仕方のないことかもしれません。デカルトが生きた十七世紀前半は、まだ神の影響が色濃く残っていた時代だからです。コギトによって近代哲学が目覚めたことは事実ですが、それだけで近代が完全に始まったわけではありませんでした。

それでも、人間は自分がいま意識を働かせているということを自覚することができるという点で、他の生き物とは違った存在であるということを明らかにしたデカルトの意義は大きかったと思います。

私も船で海の沖合まで行ったときなど、ふと、「いま、この大海原で意識を持っている存在は、やはり人間だけなんだよな」と思うことがあります。海も沖のほうまで行くと、他の生き物の姿を見ることはほとんどありません。たまにトビウオが水面を跳ねる程度です。そうすると、トビウオに自己意識があるとも思えないし、自分が「意識を持っている」ということが、とても特別なことに思えてくるのです。

こうした感覚を、都会の雑踏の中で感じることはまずありません。周囲に人がいない壮大な場所にいるとき、そしてそれが孤独であればなおさら強く感じられます。地球上にいてもそう思うのですから、もしも宇宙空間に一人で投げ出されたら、自分をものすごく特別な存在だと思うことでしょう。

宇宙では生命体そのものが貴重ですが、私たち人間に「特別な存在」と感じさせているのは生命であるということだけではありません。私たちが「存在」していることに対して哲学的な問いをしたり、寂しさや特別さを感じるのは、人に「自己意識」というものがあるからです。

最近の探査などにより、宇宙空間にも水の痕跡が見つかり、生命が存在する可能性があることがわかってきました。一方で、生命の存在ですらこれだけ貴重なのですから、その宇宙空間に、私たち人間という「自己意識」を持つものが生まれたことのほうがすごいことなのではないでしょうか。

生命というものが自己意識を持って、宇宙というものは何かと探求したり、自分とは何かと考えたりする、そんなことができる「意識」を持っているというのは、物質としての宇宙をも質的に超えているような感じがします。そういう意味では人間が思いあがるのも無理のないことかもしれません。

デカルトが、あらゆるものは確かではないけれど、疑っている自分は確かだと、自分というものの意識の確かさや明晰《めいせき》さにすべての基盤を置いたのも、人間だけが持つ自己意識の特別さに気づいたからだと思います。

ただ、彼がまだ近代化しきれていなかったのは、その「特別さ」を神が人間だけに与えたプレゼントだと考えたという点にあります。

だからこそデカルトは、神を否定するのではなく、その神から与えられた特別な能力を使って神の存在を「俺が証明してやる」と考えたのではないでしょうか。

chapter

# 5

# 経験より先にあるもの

カントが到達した「コペルニクス的転回」とは

## 「先天的認識——「ア・プリオリ」とは何か」

デカルトは、「良識」は神がすべての人に平等に与えたものだと言いました。これは、別の言い方をすれば、人は生まれながらにして良識を持っているということです。

これに対して、生まれながらにしてというのはちょっとおかしいのではないか、と批判する人々が現われます。それが、人は真っ白な状態で生まれてきて「経験」を通してすべて学んでいくと考えた、**ジョン・ロック**（1632～1704年）や**ヒューム**（1711～

76年）などに代表される「イギリス経験論」の人たちです。

彼らはすべては経験を通して得られると考えました。その結果、数学的なものまでも経験だと言いだします。たとえば、人間が二人いて、そこに後から三人来て五人になったという経験を通して、人はそれを表わすものとして「2＋3＝5」という数式を学ぶと言うのです。

でも、そうでしょうか？

確かに白紙の状態で生まれてきた人間が経験を通して学んでいくというのは、とてもわかりやすい考え方ですが、数学や物理も経験なのかと言うと、ちょっと微妙です。

リンゴが二個あって、そこにもう三個リンゴをもらって、全部で五個になったという経験をすることはあるかもしれませんが、そうした経験を通して「2＋3＝5」という数式が生まれたというよりも、2や3といった数字やプラスという概念を、人間があらかじめ持っているから、数える対象が人でもリンゴでも、「2＋3＝5」だということがわかるのではないでしょうか。

デカルトたちの「合理主義哲学」と、それに対する批判としての「イギリス経験論」を踏まえて、そのように投げかけたのが、ドイツ観念論の祖と言われるカントでした。

カントは、イギリス経験論は数学や物理までも全部「経験」でとらえようとしているけれど、それは無理がある、人には経験以前に「先天的な認識」というものがあるのではないか、と考えたわけです。

先天的と言うと、生まれ持ったものと思ってしまうかもしれませんが、カントの言う「先天的な認識」は少し違います。

カントは、**人間が普通の理性を働かせるとき、時間や空間などある程度数学的、物理的なものは経験的認識に先立つ「先天的な認識」に基づいていると言います。これを「ア・プリオリ(a priori)」と言います。**

私は大学時代、「ア・プリオリな認識」という言葉の意味がいまひとつピンとこなかったのですが、要するにこれは、人間が経験しなくてもわかってしまうこと、経験で得られる知識とは別の種類の知識ということです。

たとえば、三角形の内角の和が一八〇度であるということを私たちは知識として知っています。それは学校で教えてもらったから知っているわけなので、それを経験と言えば言えるのかもしれませんが、自分の実体験という意味での一般的な「経験」とは違います。

というのも、三角形の内角の和が一八〇度であるというのは、理論上の知識だからです。

でも現実の三角形は、手描きで少し歪んだものなどは、ぴったり一八〇度になっていないものもあるはずです。測ってみたら、一七九度だったとか、一八一度あったなんてこともあるでしょう。でも、「三角形の内角の和は一八〇度である」と言うとき、そうした現実の三角形は想定していません。概念としての「三角形」のことを言っているからです。

もし、イギリス経験論の人たちが言うように、これが経験によって得たものだと言うのであれば、三角形を一〇〇個描いて、実際にその内角の和を一つずつ測っていった結果ということになるので、「三角形の内角の和はほぼ一八〇度である」ということになってしまうはずです。実際に測れば、丁寧に描いたものであったとしても、微妙なズレは必ず生じるので、一八〇・〇〇〇〇一かもしれませんが、ぴったり一八〇にはならないからです。

しかし、私たちが「三角形の内角の和は一八〇度である」と言うとき、現実であれば必ず生じる誤差は考慮していません。そもそもがそういう話ではないからです。

これはあくまでも「三角形というものはそういうものである」という認識の話です。

カントは、こうした概念的な認識を「経験以前の」「経験外の」あるいは「経験とは別の」認識であるということで、「ア・プリオリ（先天的な）」と言ったのです。

こうしたア・プリオリは数学の世界にはたくさんあります。

たとえば、私たちは円周率を「π（パイ）」という代数で表わして使っていますが、πを具体的な数字で表わそうとしても「π＝３・１４１５９２６５３５８９７９３…」とどこまでも続く無理数のつながりになってしまうので書ききれません。ということは、円周率の本当の値は誰も見たことがないということです。

あるいは、無限（∞）というのも、誰も見たことがありません。どんなに大きい数であっても、それにプラス１をした数というものを私たちは想像することができますから、それは無限ではありません。

このように考えていくと、数学における証明や概念というのは、すべて普通の「経験」や「認識」とは違うタイプの認識の上に成り立っているということになります。

こうしたことは、物理法則についても同じことが言えます。近代科学の基礎となったニュートンが発見した物理法則はいまでもだいたい合っていますが、この「法則」というのも経験で得られたものとは異なるタイプの知識です。

たとえば、重いものと軽いものを同時に落としたとき、理論上は落ちるスピードは同じはずですが、実際に羽と鉄の玉を同時に落とすと、羽のほうがゆっくりと落ちていきます。なぜそうなるのかというと、空気抵抗があるからです。

ニュートンの物理観は、現実の世界で起きる現象は、抵抗などさまざまなこの世の条件によって左右されているが、そうした条件がすべてわかれば、次の瞬間に物体がどこに移動しているかは予知することができるというものでした。つまりここでも、現実の経験と物理法則の間には認識の違いがあるわけです。

こうしたことを踏まえて、カントは普通の経験で得られる「経験的認識」と、それとは少し違う方法で得た「先天的認識」というものを、とりあえず区別してみようじゃないか、と提案したのです。

カントというのは非常に丁寧な思考の作業をする人でした。その丁寧な作業によって区別してみると、人の認識は、経験的認識のほうが多いということになりました。

ここでとても大きいのが、こうした区別がなされたことによって、人々が「蓋然性《がいぜん》（確実性の度合い）」というものを受け入れることができるようになったということでした。

現実の経験を通して得られる「経験的認識」の世界は、先天的認識のようにきっちりした世界ではありません。

たとえるなら、先天的認識では三角形の内角の和は一八〇度ですが、経験的認識の世界では三角形の内角の和はほぼ一八〇度だということです。ごく簡単に言えば、経験的認識というのは、「だいたいそんなふうに言える」「確率的に言うとほとんどそうなる」ということです。

少しの例外はあるかもしれないけれど、およそこう言える。

先天的認識と比べると曖昧でいい加減な感じもしますが、現実の世界というのはそういうものです。そして、こうしてきちんと区別したことによって、現実を観察したときにどうしても避けられない蓋然性を受け入れる覚悟ができたのです。

実は、この覚悟ができたからこそ、科学は発展することができたのです。

なぜなら、これによって全部そうだとは言い切れないけれど、およそこうなっているらしい、というものを仮説として立てて、それを検証した結果、九〇%は仮説通りの結果が出れば、この仮説はほぼ正しいと言っていいのではないか、という考え方ができるようになったからです。

そして、この「九〇%は仮説通り」というところを、こうすれば九五%、さらにこうすれば九九%と精度を上げていくという努力と工夫がなされることで、科学は発展してきたのです。

さらに、蓋然性を受け入れたことで、この場合はこのぐらいの確率で、というように、結果を冷静に認識できるようにもなりました。

ですから、カントに至ってやっと、イデア的なものの発祥になった数学的なものの整理場所が決まったのです。

数学的なものはあくまでも「先天的な認識」として区別しておいて、それをそのまま全部現実界の経験的認識にまで当てはめて考えるのはやめておこう。経験的認識については蓋然性を受け入れたうえで、少しずつ精度を上げ本質的なものに迫っていくことにしよう。こうしたとても理性的な考え方ができるようになっていったのです。

## 「コペルニクス的転回」は何をひっくり返したのか

デカルトは「俺はすごいことをやった！ 俺は人類史上初めて、ついに確かなものを見つけたんだ」と思ったわけですが、カントも自分の発見を相当すごいものだと思いました。彼が自分の考えを画期的だと思っていたことは、自分自身で自分の思想を**「コペルニクス的転回」**と呼んで自慢していることを見れば一目瞭然です。

コペルニクス以前は、宇宙の中心は地球で、天（太陽）は地球を中心に回っているとする「天動説」が世界の常識でした。コペルニクスはその常識に異を唱え、地球のほうが太陽の周りを回っている（地動説）と言ったのですから、理論としてはまさに天地がひっくり返るような変化なわけです。

確かに、人間の素朴な認識を拠り所にするのであれば、ほとんど全員が太陽のほうが動いていると思うでしょう。日本でも「東から昇ったお日様が西に沈む」という感覚をみんなが持っています。そんな中でコペルニクスは、観測することで実は動いているのは地球のほうなんだと常識を覆す発見をするわけです。

したがって、常識的なものをまったく正反対に転回させてしまうほどの発見だということで、カントは自らの思想を「コペルニクス的転回」と呼んだのです。ですから、これはまぎれもない自慢です。

では、カントはどのような常識を転回させたというのでしょう。

結論から言えば、カントが転回させたのは、対象と認識の関係です。

**カント以前、対象と認識の関係は、不等号で表わすと、「対象＞認識」というのが常識的な考え方でした。**

これは、対象を「自然」と考えるとわかりやすいと思いますが、人間が認識しようがしまいが、もっと言えば、人間が存在しようがしまいが、自然はそこにあるのだから、自然のほうが認識に優先するということです。よく言われるたとえですが、山奥に咲いている花は、人が見ていようがいまいが、毎年花を咲かせます。つまり、対象の存在は、人間の認識に左右されないということです。

これは、別の言い方をすれば、人間の認識というものは対象に依存している、ということでもあります。

たとえば一本の木があったとしましょう。

その木は、人間が認識しようがしまいがそこに存在しています。人間がその木を見たときに認識する内容というのは、その木のあり方に依存しています。なぜなら、一抱えもあるような大きい木だとか、葉がびっしり茂っているとか、木肌がごつごつしているというような「認識」は木がそういうあり方をしている、ということによっているからです。

ところがカントは、「それは違う、逆だ！」と言いました。認識が対象に依存しているのではなく、対象のほうが認識の仕方に依存しているというのです。

つまり、**「対象∧認識」**なのです。

これだけ聞くと「おいおいカント、お前、頭は大丈夫か？」という感じです。

何しろ、人間の認識が、対象より優先しているということは、ある意味、人間の理性が自然界を作りだしているということになるので、人間の認識力は超自然的な存在だということになるからです。これはもう、「この世は人間が創っているのだ！」と言っているようなものです。

ちょっと信じられない話ですよね。

ところが、まさにこれが「コペルニクス的転回」、すごい発想の転換によって納得させられてしまうのです。

## 「人とイヌは違う世界に生きている――「物自体」を認識できるか」

ここでカントが登場させるのが、「物自体（ディング・アン・ジッヒ）」という概念です。

私たちは物を見たときや物に触れたとき、その物自体を正しく認識できたと思っています。

でも、本当に正しく認識できているのでしょうか?

カントは、人間は絶対に「物自体」を認識することはできないと言います。

どういうことかと言うと、確かに私たちは物を見ることも触れることもできます。でも、実は、それは物の表面だけだったり、人間の目で分析できる限られた範囲の認識です。しかも、たとえ見える範囲だったとしても、そこにある顕微鏡でしか見えないような細かな傷は肉眼では認識できません。

そこまで細かいことを言わなくても、視力が二・〇の人と、〇・一の人では、同じ物を見たとしても見え方は違います。さらに言えば、人とイヌとでは、一緒に散歩していたとしても、認識している世界はまったく違うはずです。

イヌの嗅覚《きゆうかく》は人間の何万倍も優れているけれど、視覚は色盲のように色がはっきりしないと言います。つまりイヌが認識している世界は、私たちのようにカラフルなものではなく、においが異常に充満したものだと考えられます。ですから、私たちは町を歩いたときに、くんくんと電信柱の臭いをかぎ、「あっ、昨日あいつが来たんだな」とわかるというように、においを頼りに情報を得るということはまずありませんが、彼らはむしろにおいを頼りに情報を得ています。

つまり、同じ場所にいても、イヌはイヌのしかたで世界をとらえ、人間は人間のしかたでとらえているということです。

では、イヌの認識している世界と、私たち人間が認識している世界では、どちらが本当の世界なのでしょう?

答えはどちらでもありません。

どちらも限定的な認識だからです。

カントが物自体を認識することはできないというのは、「認識」がこのように限定的なものだからです。

ある木の枝に鳥が止まっていたとしましょう。鳥にとってその木は確かに存在していますが、鳥がその木の全体性を把握しているとは言えません。鳥は、私たちとは別の仕方で細やかにその木を認識していると思います。幹を這っている虫たちも、私たちがとらえることのできないより細かな世界でこの木を認識していることでしょう。

そんな、鳥や虫の細やかな認識でも、木自体、木の「ディング・アン・ジッヒ」には至れないでしょう。

**カントが見事なのは、ここで「あきらめる」という選択を受け入れたことです。**

カントの言う「物自体」は、ある意味「イデア」に近い概念ですが、決定的に違うのは、イデアの世界というのはあきらめが悪いというか、あきらめてはいけない世界だということです。

イデア論では、イデアを追求することで人間として最高のあり方（神に近い位置）に到達できると信じてあきらめず、すべてを「イデア」というたった一つの原理で説明しようという無理を押し通します。でも無理は無理なので、結局は理論が破綻《はたん》し、嘘になってしまいました。

そこでカントは、無理をやめて、理性を有効なものと有効ではないものにきちんと分けて考えればいいのではないかと思いついたわけです。ですからカントはイデア的なものを完全に否定したわけではありません。

たとえば、数学に限って言えばそれも有効だよね、というように使える範囲を限定し、さらにそれを現実の世界で応用するときには「蓋然性」を受け入れることで、少しずつ近づいていくのならそれも有効ということにしたのです。

そんなファジーなやり方で、カントは神を否定することもしませんでしたが、肯定することもしませんでした。でも、彼のやり方を用いれば、説明原理にキリスト教的なものは一切必要なくなります。何しろ究極については説明できないと最初からあきらめてしまっているのですから、世界そのものを説明しなくてもいいのです。

カントの晩年にドイツに生まれた詩人のハインリヒ・ハイネは、「カントは神の首を静かに切り落とした」と言っていますが、それはこうしたカントのやり方を言っていたのでしょう。

## 「あきらめの先に何があったか」

カントはあきらめているのです。

目の前にある机でも、自分が作ったものでも、人間の知覚能力には限界があるのだから、そのものの究極的な「物自体」はわからないと。

先ほど知覚能力の違いによって生きている世界が違うということを、イヌと人で比較しましたが、動物を引き合いに出すまでもなく、私たち人間の知覚能力にはかなりの個人差があります。

たとえば、オーケストラの指揮者などは、いまどの楽器が鳴っているのか、どの楽器が間違った音を出したか、バイオリンの中でも誰の音がテンポからズレたかなど、同時にたくさんの楽器が鳴っている中でも正確に聞き分け指摘することができます。私も音楽は好きなのでオーケストラの演奏もよく聴きますが、微妙な音のズレを聴き分けるなんてまったくできません。

そんなすごい聴力の持ち主がいるかと思えば、逆に、自分の出している音がメロディと合っていなくてもわからない、いわゆる「音痴《おんち》」の人もいます。

ということは、指揮者と音痴の人では、同じ曲を聴いても、きっと同じには聞こえていないということになります。

ワインでも、味がわかる人とわからない人ではきっと違うでしょう。同じワインを飲んで、ともに「おいしいね」と言っていても、自分が感じているおいしさと相手が感じているおいしさは違うはずです。

つまり音楽もワインも、その「物自体」に至ることはできないということです。

このように説明されると、それはそうだと納得させられてしまいます。しかし、だとすれば、自分たちが確かなものだと思っている対象は、自分たちの制限された知覚など認識能力でとらえられたものにすぎないということになります。

ということは、対象は認識に依存しているということになります。対象が優先するのではなくて認識が優先するということです。

どうでしょう――。最初は「カントは頭がおかしいんじゃないか」と思っていた人も、もしかしたら「対象＜認識」という図式を提示したカント先生のほうが正しいのかもしれないと思えてきませんか。

私たちは、実は何もとらえきってはいないのです。

机も木も、音楽やワインもとらえられないとすれば、自分が目の前にしている人間なんて、逆立ちしたって無理です。

この後フロイトが登場してきて、人間は「無意識の世界」の影響を強く受けているということになるのですが、そうなるとさらにわからない部分が増えるので、いよいよお手上げです。

実際、お互い理解しあって対話をしているようでも、相手が理解していることとこちらが理解していることは、それぞれの認識が違えば、共感しているようでも全然違うことを考えているかもしれないのです。そして、そういうことは多々あります。

このように、カントが「認識」というものを細かく区分し、さらに経験的認識には限界があるということを明らかにしたおかげで、対象と認識の関係に逆転が起こりました。認識能力に限界があるということは、対象は認識能力によって変化するということなので、認識のほうが対象自体より重要になったからです。

デカルトは、人間だけに与えられた「理性」には無限の能力があると考えました。しかしその結果、人間の理性は神の一部ということになり、そんな素晴らしいものを与えられた人間は、理性を働かせればすべてを説明できるようになるはずであると考えられました。こうして能力があるという前提のもと、本質をつかむための無理な努力が強いられました。しかも、デカルトの思想では「あきらめる」ことは許されません。

これに対しカントは、「できないものはできないとあきらめ、何ができるのかをもっと冷静になって考え直そうよ」と、提案したのです。

これは、「積極的あきらめ」です。

先天的にしろ経験的にしろ、私たちの認識は対象自体（物自体）にすら至ることができないのですから、イデア界に至ることなど到底できるはずがありません。私たち人間が至れるのは、それぞれの個体が持つ認識能力で至れる範囲内だけなのです。

こうしてそれまで確実だと思われていた「対象＞認識」という関係は、一八〇度転回し、「対象＜認識」に変わりました。そして、この逆転こそが、カントの言う「コペルニクス的転回」なのです。

## 「カントの勝利宣言「俺たち、越えているぜ！」――「超越論的主観性」」

「人間が対象を認識してはじめて、対象は対象として出現する」と、カントは言います。これによって「現象界」が一気に注目を集めることになります。なぜなら、認識されることで対象自体から現われでたものが「現象」だからです。

現象は限られた知覚能力によって認識されたものなので、この世のすべてではありませんが、人間の能力で至ることができるのは現象界だけなのです。

ということは、人間が勝負できるフィールドは現象界だけだということです。これが、この後、「現象学」というものが出てくる素地になっています。

ですから現象学というとフッサールやハイデガーが思いだされますが、現象学を生みだしたのは、実はカントだったと言えるのかもしれません。

カントを見ていると、「すごいな、こんな勝ち方があったのか!」と、感心させられます。なぜなら、先にカントはあきらめたと言いましたが、彼のあきらめはネガティブなあきらめではなく、勝つためのあきらめだったからです。

カントの思想というのは、実は勝負を仕掛けて勝てないフィールドで戦うことをあきらめて、勝てるフィールドだけで戦おうよ、という提案でもあるのです。

そして、その勝てるフィールドというのが「現象界」だと言ったのです。

確かに現象は対象のすべてではありません。現象は、われわれの知覚や認識力によって制限されたものです。

しかし、ここがポイントなのですが、われわれ人間は、自分たちの知覚や認識力の限界を「理性」によって認識することのできる唯一の生物だということです。

つまり、「制限を理解できる理性」、「理解できないものもあるとわかる理性」、こうした理性を持っているのは人間だけなのだから、人間こそがこの現象界の帝王であり、立法者である、ということになるわけです。

デカルトが追い求めた人間理性の完全勝利ではありませんが、まああの勝利というか、イデアの部分に関しては「わかりません」と負けを認めることで、自分たちの理性で語ることのできる現象界においては人間理性の勝ちを確定づけたということです。

相手にも二点与えたけれど、こちらは三点を取って勝負には勝った、といったところでしょうか。

こうして、語れるものについてだけ語ることにしたことによって、理性的認識というものが、むしろ絶対的な地位を占めるようになりました。

ですから、カントのやったことは何だったのかというと、「神とは別れたけれど、理性によって認識の限界を乗り越えている俺たち人間は最高だぜ」ということなのです。

カントは「超越論的主観性」という言葉を使っていますが、これだけ聞いても何が何だかわかりません。「超越」だけでも嫌なのに、「論的」と言ったらさらにわからないし、「主観性」までくっつく。わからないの三重奏で、考えるのをやめたくなってしまいます。

これは、ごく簡単に言えば、**人間は、他の生物にはない、認識の限界を乗り越えることができる「理性」というものを持っている**、ということです。

認識だけなら、生物は皆、認識力を持っています。それどころか、認識力だけを見れば、イヌの嗅覚のように、人間より優れた認識力を動物が持っていることもあります。

しかし、イヌは自分の限界というものは認識できません。

鳥も、人間より細かく木を認識することができるかもしれませんが、鳥としての認識力の限界は知りません。

自分と違ったとらえ方があることも、自分が対象自体をとらえられていないことも、動物は知りません。これがわかるのは、人間だけです。そして、人間がそういうことがわかるのは、「理性」を持っているからです。

要するに、理性は認識を超越したものだということです。これがカントの言う「超越論的主観性」なのです。だから、「自然（＝現象）をも超えた理性というものを持つ人間は素晴らしい！」という、人間の勝利宣言になるのです。

人間の限界を認めたことによって、人間理性の逆転勝利が生じるわけですから、言うなれば、カントは開き直りによって逆転勝利を手にしたと言えるわけです。

イデアの世界というのは、人間はまだまだ神の手のひらの上の存在です。イデア界という、あるのかないのかもわからない本質世界を設定して、それに迫ることができるのは人間だけなのだから人間はすごいのだと言われても、「ふーん、そうなの？」という感じでまったく実感がありません。

それがデカルトによって、すべては疑うことができるが、その疑っている自分だけは疑いがない存在だとされ、まだ少し説得力は弱いですが、「そうかもしれない」と思えるようになります。それでもデカルトはまだ、そんな自己の前提に「神の存在」を置いているので、人は神の手のひらの上から脱しきっていません。

カントはそんな神との関係を「神の世界のことはわかりません」ということでスパッと切り分けて、本当の啓蒙的理性というものの道を開いたのです。

またカントはその過程で、すべては経験によって得ているというイギリス経験論の矛盾を上手に克服することで、数学の存在意義をきちんと認めさせ、なおかつ何もかも全部経験だと言うのは「言いすぎだよね」と、経験論の言いすぎも改めたのです。

つまりカントは、イデアなんていうわからないことを言うのはやめよう、すべて経験だというのは言いすぎ、デカルトは惜しいけどちょっと足りないね、というように単に否定するのではなく、その中で使えるものと使えないものを区別して、使えるものだけを使って勝つ方法を構築したのです。

カントのこうした思想は、やがていくつもの近・現代思想の母体となっていきます。先ほどカントこそ現象学の本当の生みの親かもしれないと言いましたが、「構造主義」の考え方も遡るとカントに行きつきます。

構造主義は、近代言語学の父と言われる**ソシュール**（1857〜1913年）から始まるとされています。それは、彼が、私たちは言語という網の目（＝構造）でしかこの世界をとらえられないという構造言語学を提唱したからです。

確かに世界の認識は言語によって変わってきます。

同じ日本人でも、雪国の人と南国の人では、「雪」を認識する言葉の網の目はまったく違います。雪の降らない南国では「雪」は雪でしかありませんが、雪国では粉雪、牡丹《ぼたん》雪、綿《わた》雪、淡《あわ》雪、細雪《ささめ》などいくつも雪を区別する言葉があります。言葉の種類が多いということは、それだけ認識が細やかだということですから、言語の網の目が世界の認識を変えていると言えます。

でも、こうした網の目は言語だけではありません。知覚の一つである「味覚」も認識の網の目の一つと言えます。味覚は日本人と外国人、日本人でも関東人と関西人では異なります。小さい頃から納豆を食べている関東の人間は、納豆はおいしいと感じますが、関西では納豆を食べられないと言う人がたくさんいます。

このようにして見ていくと、カントが言った「制限を意識すること」が、構造主義的な理解につながっていることがおわかりいただけると思います。「物自体」や「超越論」などというと少々難しく感じるかもしれませんが、カントは、実はいまの人が普通に考えても納得できることを言っているのです。

# chapter 6

# 歴史でさえも理性で動いている

## ヘーゲルが目指した哲学の完成

## 「人間理性と歴史を動かす「絶対精神」」

カントの勢いを借りて**「理性はもっといける、歴史をも動かすよ」**と言いだしたのがヘーゲルです。

カントは人間の理性について原理的なことを述べましたが、ヘーゲルはその枠を広げ、実際の歴史の発展ですらも、人間の理性のおかげだととらえるような理論の構築を目指しました。

そのためには単なる人の理性を超えた理性、歴史や世界をも動かす根本となる理性を設定することが必要でした。そうしてヘーゲルが考えだしたのが「絶対精神」というものでした。

ヘーゲルは「精神」というものに特別な役割を持たせました。**彼の言う「精神」とは、この世界を動かす〝駆動力〟のようなもの**です。

これは人間の意識の元でもあると言います。

人間の意識というのは、実に不思議です。ほとんどのものはエントロピー（拡散の度合い）が増大していく、つまりバラバラになってきます。しかし、人間の脳や、そこから生じる意識というのは逆に「秩序化」に向かっていくのですからこれはもう一種の奇跡と言ってもいいでしょう。

そんな奇跡のような意識の根本にあるのが「精神」であり、歴史とは「精神」が人間の活動を通して、その本質を実現していく——すなわち「絶対精神」になっていく過程だとヘーゲルは考えたのです。

つまりヘーゲルは、人類の進歩や歴史の進展を、「精神」という主人公が自己実現する成長物語のようにとらえていたということです。

ヘーゲルが「歴史」というものにこだわったのには、この時代に歴史的な大事件が起きたことが大きく関わっています。

その大事件というのが、十八世紀末に起きたフランス革命です。

ヘーゲルが生きた時代のドイツは、まだ封建的専制政治がしかれていました。そんな中で自由と平等を掲げ絶対王政に反旗を翻《ひるがえ》したフランス革命は、当時まだ学生だったヘーゲルの目には人間の理性の勝利、しかも原理的・思想的な勝利というだけではなく、実際の歴史というものを動かし、その進化の最終段階に至るという、フィナーレ的な勝利に見えました。

もちろん、実際にはフランス革命は歴史の最終段階ではなかったのですが、当時の人々が、「これこそ歴史の最終段階だ！」と、目の前の現実に興奮して叫びたくなる気持ちもわかります。フランス革命というのは、当時の人にとってそれぐらい興奮する出来事だったのです。

そうしたときにヘーゲルが、イデア界のようにあるのかないのかわからない世界について述べるのではなく、いまの世界の状態を歴史的にとらえようとしたのは、思想家としてある種、誠実な態度だと言えると思います。

しかもヘーゲルは、現状を単なる歴史としてとらえるのではなく、そこにある普遍的な「運動性」のようなものをとらえようとしています。そのための手段として用いたのが有名な「弁証法」でした。

## 「弁証法」とはどういうものか

弁証法というのは、事象を「テーゼ（認識の出発点となる主張）」と「アンチテーゼ（テーゼを否定する命題）」がアウフヘーベン（止揚）して「ジンテーゼ（前の二つのテーゼを統合したもの）」になるという三つの段階を繰り返すことで、矛盾を解決していくという思考法です。日本語では、それぞれ「正」「反」「合」と訳されます。

図式的に表わすと、

**「テーゼ（正）」＋「アンチテーゼ（反）」**

**アウフヘーベン（止揚）**

↓

**「ジンテーゼ（合）」**

のようになります。

ヘーゲルの翻訳家としても有名な哲学者の長谷川宏《はせがわひろし》さんは、『新しいヘーゲル』（講談社現代新書）の中で、弁証法について、〝ひまわりの成長過程〟を例に出して次のように説明しています。

これを弁証法的に表現するとこうなる。種が否定されて芽となり、芽が否定されて茎や葉となり、茎や葉が否定されて花となり、花が否定されて種となり、こうしておのれにもどってきて生命としてのまとまりを得ることができるのだ、と。（中略）Aがおのずと B になるのではなく、Aが否定されてBが出てくる。そのようにAとBとのあいだに対立があり、その対立が変化や運動の原動力となると考えるのが弁証法の基本なのである。

ヘーゲルは、**人類の歴史というものは、大局的に見ると弁証法的発展をしている**と言います。ごく簡単に言えば、人類は矛盾や問題を少しずつ統合・解決することで、進化してきたということです。そして、その進化の最終目標こそ「絶対精神」だと言うのです。

確かに、人類の歴史というのは、ヘーゲルが言うように少しずつであっても、確実に良くなってきていると言えるのだと思います。

中には原始共同体のほうがよかったと言う人もいるかもしれませんが、実際の原始共同体は、食べ物を得るのは難しいし、医療も受けられず結構しんどいでしょう。

日本でも、人間は昔と比べてダメになった、江戸時代のほうがよかったと言う人もいますが、あの時代はなんだかんだいっても切捨《きりすて》御免《ごめん》の世界です。飢饉《ききん》になれば餓死者がたくさん出ますし、身売りもありました。

江戸時代というのはエコロジカルだったり、いい面もあるのですが、ダメな面もたくさんあって、総合的に見るとやはり、時代とともによくなってきているというのが人類の歴史だと思います。

こうした「進歩」の流れは、「人」という生物についても同じことが言えます。人類が環境に対して自分自身で変異を遂げていくというのは、弁証法的にいえば第二段階のアンチテーゼを自らの身体で行なっているとも言えます。そういう意味では突然変異を生かしながら環境に適応してきた「人類の進化」ということ自体も、歴史と同じように弁証法的な発展ととらえることができるのです。

## 「人間理性の勝利を謳歌《おうか》」

ヘーゲルは、宇宙史、人類史、そして人間の普通の歴史というものをすべて統合的にとらえる理論を生みだそうとしました。これはとても壮大な理論で、それに挑戦しているヘーゲルの姿を見ると、またしても「すべてを説明したい」という西洋の強大な野望を感じます。

先にも述べたように、西洋は一般的に欲望が強く、「どうにも止まらない」という特性があるのですが、中でもドイツ人というのは、そうした野望の実現に向けての努力を、ちょっと恐いぐらい徹底して行ないます。

私は以前、ドイツ人の哲学者で身体論をやっている人のドイツ語の本を集めたことがあるのですが、調べてみたところ、とてもではないですが一人の人間が書いたとは思えないほどの量があることに驚きました。しかも何十巻もある本の一冊一冊が、それぞれ本当に細かく、徹底的に考え抜かれているのです。

ヘーゲルも多くの著作を残していますが、どれも、単にこれを思いついたから書きましたという軽い作品ではなく、原理的に自分が宇宙を説明しました、という感じで恐ろしいほど体系的に書いています。

こうしたものを見ていると、こう言っては失礼ですが、徹底した世界観や一つの原理を押し通そうとする姿勢に、私はナチス・ドイツとある種似たものを感じてしまいます。ヘーゲルは「理性」というものを徹底して追究しているのですから、ナチスと一緒くたにするのはまったく失礼なことなのですが、ヘーゲルが理性を徹底して突きつめた歴史の先に、あのナチス・ドイツという国が生まれたのだと思うと、両者の精神的根底に横たわっているものに共通する部分があったのではないかと思えるのです。

そういう意味では、戦前の日本、大日本帝国の帝国主義は、ナチス・ドイツと共通点が多々あったように言われることもあるのですが、いくら日本人が神風特攻隊のように激しいことをしていても、その根底にある精神性は大きく違っているような気がします。

日本人が神国日本とか神風と言っているのは、古代的な思い込みというか、宗教的な信仰とあまり変わらないと思うのです。そうしたことは日本に限らず、他の国でも見られることです。

一方、ドイツの場合は、カント以来、「近代的理性」というものをあれだけきちんと研《けん》鑽《さん》してきたうえでのことなのですから、日本のように思い込みでは済まされません。理性を発展させたあげくのナチスの登場なのですから、そこに怖さを感じます。

少々脱線したので、話をヘーゲルに戻しましょう。

結局、ナチス・ドイツの話まで持ちだして何が言いたかったのかと言うと、そうしたドイツ人ならではのすごみが、ヘーゲルの思想の「俺は世界を説明しつくしたぞ!」と言わんばかりの異様な獰猛《どうもう》さと徹底ぶりの土壌になっているのではないか、ということです。

人間の歴史は、絶対精神に向かって弁証法的発展を遂げながら進んでいくと考えたヘーゲルが、フランス革命を目の当たりにして、これこそ歴史の必然的な進展であり、理性の勝利だと言いたくなる気持ちもわかります。

人間理性の勝利がここに完成した。カントが言った「超越論的主観性」が、ここに至ってついに「絶対精神」とイコールで結ばれるところまで来たという、いわば人間が宇宙の完成作品になり得たかのようなイメージがヘーゲルの中にはあったのだと思います。

実際ヘーゲルは、人間が生みだした芸術の美しさのほうが、自然の美しさよりも優れているといったことを述べています。アリストテレスは「芸術は自然の模倣《もほう》」だと言っていますから、まるきりその逆を主張したのです。

つまり、デカルト、カントを経て突きつめてきたものが、ヘーゲルに至ってやりきったというか、人間理性の至上主義を謳《うた》った戦いでついに勝利を勝ち取ったような興奮が、ヘーゲルの思想には見られるのです。

## 「近代的自我の目覚め」

私は大学時代、自ら近代合理主義者を名乗って、「近代的自我」というものを世の中に広めていくということを自らの仕事としていた時期がありました。

でも、おもしろいことにそうしていると、ちゃんと「敵」というのが現われるものなのです。

当時の私にとっての「敵」は、とある現代新興宗教にはまってしまった知り合いでした。

その頃はちょうどテレビなどでも、メスなどを使わずに手を皮膚の中に入れて体の悪い部分を取り除くという触れ込みの「心霊手術」が話題になっていたときでもありました。

その知人もその宗教にどっぷりはまり込んでいて、あろうことか私にもその宗教を勧めてきたので、そこで戦いが繰り広げられることになったのです。

その宗教は輪廻《りんね》を信じていたので、知人ももちろんそれを信じていました。そこで私は、それがいかに間違っているかということを説くことになります。

輪廻というものを、人間の心をやわらげるための仮説として考えるのはいい。でも、それを事実だと思ってしまうのは間違いではないか。なぜなら、――実はこの「なぜなら」のあとの証明の仕方がいまにして思うと少し変なのですが――、「なぜなら、人口というのは増え続けているじゃないか。全員が輪廻転生しているのであれば、昔の人口では、たとえいろいろな生物がいたとしても、どんどん増えつづけているのだから魂の数が足りなくなるはずだ」などと言って、「お前も近代的自我に目覚めろ！」と説得したのです。

この時点で当時の私の証明は破綻しているのですが、とにかく、近代的な思考をすべきだとひたすら言いまくっていたのを覚えています。

それでもその知人は、「だって、実際に前世を覚えている子どもたちがいるんだよ」などと言って抵抗します。前世を覚えていると言っていても、それは嘘かもしれないわけです。それがまったくありえないという証明も難しいのですが、それでもごく普通の近代的な知性で考えたら、前世があると考えるより、嘘をついていると考えるほうが自然です。

近代の科学の歴史を見れば明らかなように、人類は自然現象の理由について、神や魔法のせいにしていたものを一つひとつ人間の理解できるものにしてきました。

私たちもその近代の成果の上に立っている幸福を味わおうじゃないか。そのためには、魔術的な思考というものから一回、離れなければダメだ。一度きちんと離れて考えたうえで、心の安らぎとして信仰が必要だというのであれば、それはそれとして考えればいい。だが、そうした近代的思考をしないまま、それを事実として全部受け入れて信じてしまうのは近代人として間違っている、というのが近代合理主義者を標榜《ひょうぼう》する私の意見でした。

でも、そんなことを言いながらも、一方では東洋的な身体技法に凝《こ》っていたのですから、私も一歩間違えるとそちら側の人間になる気質も持っているのです。

では、そんな気質の持ち主である私が、なぜ近代的自我に目覚めることになったのでしょう。

私が近代的な自我に目覚めたのは、高校一年から二年にかけてのことです。それまで割と朦朧《もうろう》と生きていたのですが、突如、自己意識というものに目覚めたのです。

まだ若く、責任感も強かったからなのだと思いますが、このとき私は、自分が近代的自我に目覚めたということに誠実であろうとするあまり、とんでもない失敗をしています。

実は当時、私には彼女というほどではないのですが、中学校のときにつきあおうかと言っていた女の子がいました。

高校に行ってからつきあうこと自体、保留状態にあったのですが、久しぶりに会ったその子に、あろうことか「いまの俺は近代的自我に目覚める前の俺とは違う」みたいなことを言ったのです。

しかも、「近代的自我に目覚める前の俺のことを好きだと言ってくれたらしいけれど、目覚めてからの俺とは会っていない。それなのに、俺のことをまだ好きだというのは、不誠実じゃないか」などと、とんでもない酔っ払いのようなことを言ったのです。

いま思うと、駿府《すんぷ》公園のベンチで一体何をやっていたのか。そんなことをする前に、手を握れよといまならアドバイスしますが、当時はそちらにはいかなかったのです。

そのときに私は、もはや以前の自分とは同じ人間ではないというぐらいの勢いでいたのですが、その中身はというと、特にありません。簡単に言うと、中身がなくて自己意識だけが肥大化したということです。ただ、「近代的自我」というものが一つの結晶の核のように自分の中にあるような気がしていたのです。

「近代的自我」もそうですが、「目覚める」という言葉もまた魅力的でした。他にも近代的自我を「確立する」とか、そういう言葉が非常に気に入って、そういう言葉を使うだけで自分が合理的かつ理性的に考えることができているような気分になっていました。

そんな近代的自我に目覚めた自分が誠実に生きるということは、理性を極限的に働かせることだという考えに至った私は、恋愛というものがいかに曖昧であるかについて、幻影を好きだと言っているにすぎないのだという「批判」をしてしまいます。恋愛そのものを批判して潰しにかかり、その結果、望みどおりというか、見事に彼女からは遠ざけられたわけです。

## 「一度は「近代合理主義者」になってみる」

恋愛を批判した私が次にやったのは勉強批判でした。いまやっているこの受験勉強というものがいかに意味がないかということを、私は勝手に証明してしまったのです。

　その結果どうなったか――、一気に勉強する気が失《う》せてしまいました。

　勉強をしなくなって、将来がまったく見えなくなった私は、さすがにこれは危険だと思い、ここでもう一度、理性を働かせて「自分はどうなりたいのか」ということを考えてみました。

　すると自分には、やはり人として生まれたからには、人の役に立ったり、何かしらの実績を残したりと、きちんとした人生を歩みたいという思いがあることがわかりました。しかもそれは、ちょっといい人生だったよね、というレベルのものではなく、もっとレベルが高いというか、人からすごいと言われるような、プラトンの言う真善美を煮詰めたようなすごい人物になりたい、と思っていたのですから完全に西洋かぶれしています。

　でも、すごい人物になりたいと思っていることはわかったものの、そのためには何をすればいいのかはわかりません。それどころか、将来何学部に行けばいいのかさえ思いつけないのです。なぜなら、自分は学部も知らないし、自分がやりたい仕事も決まっていないからです。こうして、誠実さを徹底したところ、「学部など選べない」という結論に達してしまいました。

では、選べない人が取るべき道は、というと、選べないのだから保留するのが誠実だ、ということで、できるだけ選択肢の広いところに行こうということになったのです。

あとで判断できるようになったときに仕事を選べるようなところはどこだ、それなら東大だろう、こうして私の志望校は決まったのです。いま振り返ると頭が硬直化しているのではないかと思いますが、当時は東大に行ったことがマイナスになることはないだろうと思っていたのです。

志望校は決まりました。次の問題は学部です。

ここでも選択の基準は「できるだけ選択肢の広いところ」だったので、東大の中でも一番レベルの高い法学部を選ぶことにしたのですが、それだけではあまりにも根拠が弱いということで、次に、自分はこの世でもっとも価値がある仕事をしたいと思っているのだから、価値がある仕事とは何か、ということを考えてみることにしました。

ここでいろいろな仕事の価値を考えました。政治家、文学者、学者、先入観を取り払うためにも肉体労働も含めていろいろな仕事を考えた結果、最終的にこの世で一番難しく、価値のある仕事というのは裁判官であるという結論に達したのです。

これは意外に、結構いけている答えで、高校二年生が考えたにしては、まあ頑張っていると言っていいのではないかと思います。

裁判官というのは、人を裁くわけですから、本来、人間がやってはいけない仕事だとも言えます。いろいろ考えた中には、小学生の将来の夢ではありませんが、総理大臣という選択肢もあったのですが、考えていくうちに、一人の人間の判断が世界を動かす比率で言うと、もちろん総理大臣も多くの人を動かすのですが、裁判官というのは個々の件についてより深いところに食い込むというか、相手に対する絶対性を持っているような気がしたのです。

この絶対性というところが魅力となって、私は一人の人間として生きる生きがい、やりがいという点では裁判官が一番あるだろうと思ったのです。

こうしてこの世で一番価値のある仕事に就こうと思っている私は、裁判官を目指すべきであるという結論に達し、そういう意味でも東大の法学部に行くのがよろしかろう、ということになりました。

それで、行ったまではよかったのです。

でも、法律の勉強を始めてから、そこに大きな問題があることに気づきました。それは、法律の勉強が自分には合っていない、ということでした。

実は、私は考えるときに自分の気質ということをまったく考慮していなかったのです。このことに気づいたとき、私は思いました。

近代合理主義に傾倒すると、女の子とうまくいかない。そして、職業選択において気質と関係ない仕事を選んでしまうので、進路を誤る。しかも常に考えてばかりいるのでノイローゼっぽくもなる。要するに、論理先行の頭デッカチで失敗しました。

こうして、近代合理主義など標榜してもたいしていいことはなかったとわかった私は、自分の気質に合ったことをやることにしたのです。

私の気質に合ったこと、それが身体論だったのです。

もともと運動部出身の私は、運動したらノイローゼもあっという間に治ってしまいました。それでますます「やっぱり人間、運動だ。身体だな」と痛感し、ますます身体のほうに移行していったというわけです。

## 「近代合理主義の価値と限界」

西洋の近代的自我というのは、未来を全部見通すがごとく、理性で自分を思い込んでいくものです。でもそうすると人は行きづまり、結局は体に悪いとか、気質に合っていないとかいうことが生じ、結局、未来は予測不可能になるのです。

この予測不可能性に対して、どうするかというのが近代人の次の課題になりました。ここまで理性を称揚したヘーゲルも、神、すなわち宗教を否定したわけではありません。ヘーゲルの目指す精神の自由を手に入れることこそ、宗教のあるべき姿であると考えたのです。

一方で、ヘーゲルで頂点を極めた「人間の理性こそ最高だ」という流れは、この後、この世界の本質は物質や物理現象でしかないんだとする「唯物論」的な考え方に引き継がれていきます。さらに時代が下って十九世紀末になると、**マルクス**（1818〜83年）による、経済的機構や物質の生産様式こそが人間の意識を規定するのだという「唯物史観」となって結実します。

少し先取りしてしまうと、このマルクスの思想から生まれた現実の社会主義国家は、ソビエト連邦の崩壊をもって、その失敗が決定づけられました。

そういったことから感じるのは、個人でも国家でも、近代的自我だけでは人生は乗り越えていけないということです。

私は近代的自我に目覚めることで彼女に嫌われたと言いましたが、ある意味それは当然の結果だったのです。なぜなら、恋愛というのは予測不可能な世界だからです。

ですから、女性とつきあったり、結婚したりということがあると、もう近代合理主義、近代的自我だけでは太刀打ちできないということにどうしてもなってしまうのです。

また、人間には食欲や性欲というものもあるので、どうしても身体というものともつきあっていかなければなりません。

ですから私は、大人になって、そういういろいろな近代的自我だけでは太刀打ちできないものと格闘していくうちに、身体方面に基盤を置いたほうがいいやということになって、そちらにシフトしたのです。

しかし、だからと言って完全に近代合理主義を不要なものとして捨てたわけではありません。近代的な理性も持ちつつ、東洋の身体技法も修め、東洋と西洋のいいところを取った教育をしたいということで、いまの私があるからです。

ですから、女性に嫌われたり、進路を誤ったり、ノイローゼになったりと、振り返ってみるといろいろありましたが、あのぐらいの年代に、はしかではありませんが、一回は近代合理主義にかぶれ近代的自我の目覚めを標榜したのは、自分にとってとてもいいことだったと思っています。

というのは、いまの世の中を見ていると、理性主義がまったく身につかないまま大人になってしまった人が大勢いるからです。

ヘーゲルの弁証法ではありませんが、人も世界も、歴史が経たものの答え合わせ、系統合わせを繰り返すことで成長・進化していくのだと思います。ですから、過ぎ去ったものであったとしても、もう一回、歴史を学び直すというのはとても大切なことなのです。

確かにそんな面倒くさいことをしなくても、人は生きていけます。でも、それでは世界の素晴らしさも人のすごさも、何もわからないまま人生を終えることになってしまいます。そんな動物みたいな生き方でいいのかと思うと、デカルトやカントの努力が急にいとおしく思えてきます。

私もあのときに、一回行きづまってしまったけれど、近代合理主義にかぶれたことは、決して無駄ではないどころか、いまの私の人生を、間違いなく豊かにしてくれていると思っています。

# 第III部

# 哲学をぶっ壊せ

## ――西洋の「中心主義」からの脱却

chapter

# 7

## ようやく「神は死んだ」

ニーチェとフーコーが人間を解放した

### 「ニーチェが日本人に愛される理由」

**フリードリヒ・ニーチェ**（1844～1900年）は、不思議なほど人気の高い哲学者です。日本においてもこれまで何度もニーチェ流行の波というのが起きています。戦前も多くの人がニーチェを読んでいたという時期がありましたし、最近もニーチェの言葉を集めた本がベストセラーになりました。

他にもいろいろな哲学者がいるのに、なぜニーチェだけがこうした特別な愛され方をしているのでしょうか。

その理由の一つは、ニーチェの言葉がわかりやすくて、インパクトがあるということだと思います。

ニーチェの文章は詩的でもあるので、他の哲学者と違って、言葉が人の心にスッと入ってくるのです。

カントやヘーゲルの書は、難解でなかなか読めません。フッサールなどさらにわけがわからなくて、読んでいると具合が悪くなりそうです。サルトルの『存在と無』も、何がおもしろくてこんなに難しく書くのかと思ってしまうほどわかりにくい。

ニーチェは、十九世紀後半のドイツの哲学者なのですが、いまの人が読んでも理解できますし、『ツァラトゥストラはかく語りき』などは、どのページを開いて音読しても、ちゃんと心に迫ってきます。

**ニーチェの言葉がわかりやすいのは、彼が「アフォリズム（箴言《しんげん》）」という短い言葉で本質をつかまえることを目指していたから**だと思います。短い言葉で本質を伝えようとすると、ごまかしがききません。でも、彼はそれを潔《いさぎよ》さとしてとらえていたようです。

権威と言われる人にありがちですが、わざと難しい言葉を使ったり、仲間内だけで通じるような造語を作ったりして、「まだまだお前にはわからんだろう、俺のことは」みたいなことをする人がいますが、哲学者の書いたものも、そういうものが多いのです。そんな意地の悪いことをするから哲学は敬遠されてしまうのだと思います。

ニーチェが愛されるもう一つの理由は、問いの立て方がとてもうまいことでしょう。ニーチェの波が繰り返すのは、時代を経てもニーチェの言葉が古くさいものにならないからです。

ニーチェは哲学の世界の超エリートでした。ドイツでは大学の教授というのは、日本とは比べものにならないほど権威があります。その教授にニーチェはわずか二四歳という若さで就任しています。実は、このときの彼は、博士号はおろか教員資格も持っていなかったと言います。それなのに「彼ほど優柔な人材は見たことがない」という強い推挙を受けたのですから、どれほど優秀だったかおわかりいただけるでしょう。

このときのニーチェの専門は「古典文献学」というものです。でも、このときすでにニーチェ自身は哲学を専門とすることを希望していたと言います。つまりニーチェは、古代ギリシャ語などの古い言葉やラテン語、諸語をマスターしたうえで、わかりやすい言葉で哲学の命題を説いた哲学界の王道を歩いた秀才なのです。

そんな愛される秀才・ニーチェは何をしたのでしょう。

彼が行なったことを一言で言うなら、**既存の価値観に対して「挑戦状を叩きつけた」**ということでしょう。

彼の挑戦状の叩きつけ方は、思想全体のあり方に影響を与え、世界の潮流を変えました。ニーチェが指し示した方向へと二十世紀は流れていったのです。

**「ニーチェの挑戦状――精神の奴隷状態から脱せよ」**

ニーチェの挑戦状に書かれていたのは「真理という名でごまかすな」ということでした。真理という美名に惑わされず、そいつらの虚飾を剝《は》いで正体を明らかにして、自分たちの手に主体性を取り戻そうという叫びでした。簡単に言うと、「ビビってるんじゃないよ！」ということです。

おそらく、ニーチェにはすごくビビらされたという恨みがあったのだと思います。というのも、ニーチェは牧師の子として生まれているので、幼い頃からキリスト教というものの圧倒的な圧力の下に育ち、それに疑いを持たなかった幼少年期というものがあったはずだからです。

さらに、成長して哲学の世界でもプラトンやアリストテレスを素晴らしいものとして学び、研究していきました。そうしたプロセスの中で、彼は息苦しさのようなものを感じ、疑問が芽生えたのだと思います。「自分から生気を奪っていくこれは何だろう」と。

彼がそう感じた理由は、何も古典文献学という分野が地味だからではありません。問題はその内容にありました。なぜなら、古典においてもキリスト教においても、一番大切な真理は常に「神」の側にあったからです。

プラトンは、真理はイデア界にあると言い、キリスト教では真理は神の世界にあり、その内容は「聖書」に書かれていると言います。カントもまた、神がいるかいないかを証明することは不可能であり、人間の認識の外であるとしました。

こうした人間には手の届かない真理の世界を、ニーチェは「背後世界」と呼びました。この「背後」という言葉は、プラトンの説いた洞窟の比喩に由来しています。

ニーチェは、考えました。もしも背後世界が真理を握っているのなら、人間は永遠にそれを手に入れることはできないということになる。でも、**もしかしたらわれわれは、あり**

**もしない真理というもので自分たちを縛っているのではないか**。何しろ、背後世界を実際に見た人間はいないのです。

これは、キリスト教の根幹にある「原罪」にもつながります。そもそも「原罪」という考え方に無理があると私は思います。

原罪というのは、アダムとイヴが犯した罪は、その子孫である私たちも等しく引き受けているというものですが、祖先が罪人なら子孫も罪人なんて、いまの刑法の理論だったらありえないむちゃくちゃな話です。そもそも生まれたときからすでに罪を背負っているなんて、赤ちゃんを見たら、とても思えないでしょう。

まあ、遺伝子レベルで見たときに、欲望優先の「悪の遺伝子」のようなものがあったとして、それを遺伝的に受け継いで生まれてくるから罪人だと言うなら、まだ少しは理解できますが、キリスト教のいう原罪というのは、そういうものではありません。人間に欲望があるとかないとかいう以前の問題として、そもそも人類は最初に罪を犯したのだから罪を背負った存在なのだ、と言うのです。

キリスト教というのは、「人間は罪人である」ということを認めることからスタートしています。そして、イエス・キリストは何がありがたいのかというと、この原罪を、たった一人で、全人類に代わって贖罪《しょくざい》してくれたことがありがたい、だからこそ「救い主」なのです。

ただ、全人類の罪を背負ってくれたとはいうものの、罪をあがなってもらうには、キリストを信じて洗礼を受けて、聖書の言葉にしたがった生活をしなければなりません。

つまり、少々過激な言い方ですが、要は「お前には生まれながらに膨大な借金がある、俺が肩代わりして払ってやるから、俺の言うことを信じて俺に従え」と言っているようなものなのです。

最初にありもしないマイナスを押しつけ思いきりビビらせておいて、俺が助けてやるよというやり方――これでは納得できません。

第一、人間が本当に罪を負った存在なのかということも、キリストが私たちの罪を肩代わりしてくれたということも、どちらにもはっきりした証拠はないのです。

人間にはもともと、ある種の神秘性に憧れを抱くという性質があります。そうした性質を利用して、人間の手の届かない所に真理という大切なものがあると言えば、それを伝えられる人、キリスト教で言えば神の言葉を媒介する「教会」が力を持つことになります。そして、大衆は永遠に受動的な存在から抜けだすことができなくなるのです。

なぜ一人ひとりの人間が、能動的に大切なものをつかみ取ってはいけないのか、これではまるで「精神の奴隷」ではないか、これがニーチェが感じていた息苦しさの正体でした。

真理は手の届かない背後世界にあり、自分たちはそれを知ることはできないが、ちゃんと一部の人間が「それはこれが正しい」と教えてくれるおかげで、私たち大衆は平和に暮らしている、と考えて安定する人もいるかもしれない。

しかし、これでは〝奴隷の平和〟にすぎない。たとえ苦しくても、人間の精神は人間にとって完全な自由でなければいけない。

そう考えた、ニーチェのメッセージがこもった作品が、彼の代表作『ツァラトゥストラはかく語りき』なのです。

だからツァラトゥストラは、強い風が吹くところに一人立て、そこは保護された場所ではないので非常に厳しいけれど、人間は自分自身が自分自身の主人公であるべきなのだから、強い風の吹く山の上に一人で立って、その風を受けて孤独になりきれと言います。

これは教会に対して「ありもしない荒唐《こうとう》無稽《むけい》なことを言って人間を抑圧するな」と挑戦状を叩きつけることであるとともに、大衆に対する「ビビるな！　奴隷の立場に甘んじるな」というメッセージなのです。

## 「フーコーが批判した「服従」のメカニズム」

こうしたニーチェのメッセージを受けて、二十世紀に、人間を縛るものの正体を暴《あば》いたのが、フランス人哲学者の**ミシェル・フーコー**（1926〜84年）です。

ニーチェは、キリスト教では「神の国」とか言って、さも素晴らしい世界のように説くが、要するにこれはイデア界のことではないか。そこにすべての真理があるというのなら、私たちの生きるこの地上世界というのは、真理のないカスばかりということになってしまう。そんなカスばかりの世界で、人間はいつも罰せられているのか、と問いました。

私はニーチェの気持ちがとてもよくわかります。なぜなら私も、「原罪」という言葉を聞いたときに、同じような疑問というか、違和感を覚えたからです。

生まれながらにして罪を負っているなんて言われると、ものすごく不愉快だし、日本では赤ちゃんが生まれると、その無垢《むく》なあり方を祝うので、すごく違和感があったのです。

ニーチェは、「神がいいものを全部独占しているなんていうのはおかしい、これは神と人々の間にいて、人々をしばりつけることで得をする奴らがやっていることだ！　だからビビる必要などない」と言ったのです。

ところが、ニーチェのメッセージを聞いても、教会の支配から脱しようとする人は、決して多くありませんでした。

そうした人々の姿に疑問を感じたのがフーコーでした。

**フーコーが批判のテーマとしたのは「権力」、そしてその権力への「自発的な服従」というものでした。**

「自発的な服従」とは、人々が自分から権威に服従し、その状態をある種の心地よさを伴って受け入れ、そのうちに自分が服従していることさえも忘れてしまう状態のことです。

フーコーは、これを証明するためのものとして『監獄の誕生―監視と処罰』という著書の中で、「パノプティコン」というものについて述べています。

パノプティコンというのは、真ん中に監視塔を置き、その周りに監房を配した刑務所の建築様式のことで、イギリスの功利主義哲学者であったベンサムが考えだしたものです。

塔の看守からは、すべての囚人を常に見ることができますが、囚人からは看守を見ることができないようになっています。また、囚人同士もお互いに見ることができません。こうした環境では囚人は常に見られているという意識を持つので、だんだんとその「見られている」意識が染みこんでいきます。

するとどうなるかというと、自分で自分を監視するようになって、変なことをしなくなるのです。そしてここまでくると、たとえ監視塔が無人でも、囚人にはそのことがわからないので、「自発的に服従」し、最後には中央の監視塔に向かって祈りを捧げるまでになると言うのです。

これは刑務所なので、囚人がおとなしく服従するのはいいのですが、それにしても自分を監視している塔に向かって祈りを捧げるというのは常軌を逸しています。

ここにあるのは、自分を支配し、コントロールしようとする力に対して、反抗するよりむしろそれに祈りを捧げ、服従したほうが楽だ、という意識です。

暴力を使わなくても、ただ単に監視するという一方向的な視線、こちらからは相手が見えないが、相手には自分が見えている、それが権力の恐さだということをフーコーは言っているのです。

フーコーは自らをニーチェ主義者だと言っていますが、確かに彼の思想は、ニーチェのやったいろいろな作業を、さらに細かく行なったと考えると理解しやすくなります。

たとえば、フーコーは同性愛者差別に対して強く反対したり、精神病の専門家が患者を「狂人」として区別して分離、排除していくことに対して、非常に細かい分析と批判を行なっているのですが、それらはすべて、ある種の専門家が圧力を加えて人々を排除していったり、人々の心を服従の心に変えていったりすることが、差別の温床になっているということを訴えています。

より具体的に言えば、キリスト教という権威が、同性愛はいけない、罪だと言うから、一般の人もそう思うようになり、差別意識が一般常識化してしまうのだということです。事実、キリスト教意識が法律として残っているところは、いまもそうした差別がぬぐいきれていないことが多いのです。

ですから、ニーチェもフーコーも、その思想の根本にあるのは、自分以外のところにある権威に安易に跪《ひざまず》くのではなく、まず自分自身が拠点となれ、ということなのです。

## 自分自身を乗り越える「超人」になれ

自分自身が拠点となるというのは、とても不安なことです。

教会に反旗を翻《ひるがえ》し宗教改革を行なったマルティン・ルターでさえ『聖書』という確かな拠り所を持っていました。でも、自分が拠点となるということは、他に何も頼らないということなので、どうやって生きればいいのか迷いの中を歩くことになります。

どうすればいいのでしょう。

ニーチェが出した答えは「超人」になれ、というものでした。

超人と言うと、いわゆるスーパーマンのような存在をイメージするかもしれませんが、ニーチェの言う超人は違います。**ニーチェの超人とは、勇気を持って現在の迷いの中にいる自分自身を乗り越えていく、そんなポジティブで、積極的で、肯定的な強い精神力を持った人間**のことです。

私の勤める明治大学は、「個を強くする」ということをキャッチフレーズにしています。これは明治大学が目指す理念でもあるのですが、ちょっとニーチェの発想に近いものがあると思います。なぜなら個を強くするというのは、集団の中にまぎれてどこかに流されていくのではなく、自分で目的地とそこへ至る道を探して、単独者として進んでいく強さを持てということだからです。これは同時に、生死の戦いを挑み、敗れてもまた立ちあがり、倒れてはまた立ちあがっていくという、繰り返す人生の荒波に耐えうる人間でなければいけないということでもあります。

自分の決断というものに責任を持って、自分自身の人生をつくっていく。そんな人任せにしない個の持ち方ですが、それはとてもしんどい生き方です。

それでも二十世紀は、ニーチェの指し示した道を進んでいきます。なぜなら、キリスト教に以前のような絶対的な権力はなく、かといって、プラトン的なイデア界ももはや信じられないからです。

こうした過去の権威が力を失ったのは、科学の発達によって「絶対的真理」というものがわからなくなってしまったからでもありました。科学は日新月歩、日々進んでいくと言われますが、これは視点を変えれば、いまの真理が明日には崩れてしまうかもしれないということでもあります。

ニュートン的世界観が信じられても、次にはそれを否定する形でまた別のもの、アインシュタイン的世界や量子力学的世界観が出てくる。ユークリッド幾何学に対しても、次には非ユークリッド幾何学が出てくる。人が次々と新しいモデルを出して真理を更新していくということは、それはもう神が何かを与えているというのとは違う、ということです。

このように考えていくと、ニーチェの「超人になれ」というメッセージは、いまの日本人にとっても必要な課題だと言えると思います。

日本人というのはどちらかと言うと、同質性の集団の中でまどろんでしまう傾向の強い民族です。みんな一緒なら怖くない、「赤信号みんなで渡れば怖くない」的な感じで、ぬるま湯の中にみんなで浸《ひた》っているのが楽なのです。でも、時々「黒船」のようなものがやってきて冷や水を浴びせかけられ、何十年かに一回シャキッとする。日本人はそういうことを繰り返しながら、今日まで何とか乗り切ってきたのです。

でも、このシャキッとするというのも、本来はニーチェの言うように「個」としてシャキッとしなければならないのですが、太平洋戦争のときのように全体主義としてシャキッとしてしまったこともありました。こうなると、個としては何も考えなくなってしまうので、ニーチェの求めていた超人とは違うものになっていきます。

いま、日本は不景気が続き、私たちは圧迫感や閉塞《へいそく》感といったものを感じています。そして、なんとかしてそれを突き破りたいという気持ちも持っています。そういう気持ちがあるからこそ、ニーチェの人気が再燃しているのではないでしょうか。

## 「精神変化の3ステップ――ラクダ・獅子・幼子《おさなご》」

「超人になれ」とニーチェは言います。

では、どうすれば超人になれるのでしょう。

ニーチェは、**超人に至る「精神変化の3ステップ」**とでも言うべき三つの段階を、比喩を使って次のように述べています。

まず最初のステップは**「ラクダになる」**ことです。

ラクダが意味しているのは、「義務を遂行する」と「重荷に耐える」という精神です。人はまずこの二つの精神を学ばなければいけないとニーチェは考えます。

確かに、人は最初に学校に通います。学校生活では、決まった時間までに登校し、遅刻すれば叱られます。こうして集団の中で生活するのに必要な規律を身につけていきます。

規律に縛られるのですから、学校生活は一見、自由を剝奪する行為のように見えますが、実際にはそうではありません。

日本国憲法は教育と勤労と納税を国民の義務としていますが、そうした義務を背負っていくということは、人間にとって必要なことなのです。事実、私たちは途中で学校に行かなくなってしまったり、きちんと働かない人間の将来が決していいものになっていかないことを知っています。

でも、重荷に耐え義務を果たすラクダのような生き方が人間の生き方なのかと言われると、それだけではしんどいというのが正直なところでしょう。

そこで、きちんと義務を果たす精神を身につけたら、次のステップへ進めとニーチェは言います。その次のステップというのは**「獅子になる」**ことです。

獅子というのは、自由をわがものとして、義務に対してさえ「ノー」と拒否する精神の象徴です。

猛獣の世界は弱肉強食の厳しい世界です。そこでライオン（獅子）は、自らのために弱いシマウマの命を強奪します。強奪というと他人のものを奪い取るというイメージが強いと思いますが、ここではいままでの価値観を壊して、自分にとっての価値を新たにつくっていくという意味です。

ですから、ニーチェは、獅子になれという言葉で、人には自分にとっての新しい価値を打ち立てる権利がある、だからそれを自分のために獲得する強い力の持ち主になれ、と言っているのです。

人はまずひととおりの義務を果たすことが必要です。義務を果たすことは大切なことだけれど、その義務というのは自分の考えでできたものではなく、人から「これをやれ」と与えられたものです。この段階で満足して生きていく人もいますが、ニーチェは問いかけます。

「一生、そうした生き方でいいのか？」

人から与えられたものに従うだけでなく、その与えられたものに「ノー」と言い、厳しいけれど自分自身で新しいことを生みだしながら、望むように生きていったほうがいいのではないか。

確かに牧場で餌《えさ》をもらって生きる羊の生活は穏やかで、サバンナで狩りをして生きるライオンの生活は厳しいものです。でも、ライオンには羊にはない「自由」があります。

ニーチェは、ラクダのままでいてはいけない、獅子になり、精神の自由を獲得しろと言います。そして獅子になったら、さらにもう一つ上を目指せと言います。

精神の3ステップの最後は**「幼子になる」**です。

獅子の上に幼子が位置するなんて意外だと思いますが、実は幼い子どもだからこそできることがあるのです。

幼い子どもにしかできないこと、それは「遊び」です。幼い子どもは無垢に遊びます。

ニーチェは、この「遊ぶ精神」こそが創造をしていくためには必要なのだと言います。

獅子の精神は、「ノー」と言って乗り越えるので、打ち倒すべき敵を必要とします。でも、幼子というのは誰かを打ち倒して自分が新しい自由を得るわけではありません。


---

幼な子は無垢である。忘却である。そしてひとつの新しいはじまりである。ひとつの遊戯である。ひとつの自力で回転する車輪。ひとつの第一運動。ひとつの聖なる肯定である。

（中略）ここに精神は自分の意志を意志する。世界を失っていた者は自分の世界を獲得する。（『ツァラトゥストラはこう言った』氷上英廣訳・岩波文庫）

---

ニーチェのこの言葉は、彼が「子どもの精神」をどのようなものととらえているかを見事に表わしています。

幼い子どもは、自分自身が生きているという状態を喜び、充足して、ニコニコと笑いながら遊びます。いまここにある世界を「しかり」、つまり「イエス」と肯定して遊びきるのです。

「聖なる肯定」をし、無垢に遊ぶ存在のあり方。それこそが人の精神の最終的な姿だとニーチェは考えたのです。

## 「力への意志」を持って自らを肯定せよ

こうした、自分自身をポジティブに肯定する強さこそが人間だけでなく世界を動かすのだとニーチェは言います。それを彼は**「力への意志」**と名づけました。

人間は生まれてくる環境を選ぶことができません。それなのに、その選べない環境によって人生を制約されてしまっています。

確かに人は、なぜこの時代に、なぜこの国に、なぜこの家に、なぜこの両親の下に、と思い悩んだところで生まれを変えることはできません。変えることができないのだから仕方がないとあきらめるのは簡単です。でも、人生がそれだけで終わってしまったら、あまりにも寂しい。

ニーチェはどんなときも決してあきらめません。

「神様」にすがっても何も変わりはしない。自ら「超人」となれと言います。

人は人生においていくつもの選択・決断をします。誰と結婚するか、どんな仕事に就くか、いつどこで旅に出るか、そこで何をするか。そして、こうしたことは自分の意志で自由に選択できます。ということは、この自由な選択によって運命を選び取ることができるはずだからです。

こうしたニーチェ的な考え方は、自分自身をポジティブに、肯定的にとらえていく強さとして後の実存主義へとつながっていきます。

実存主義というのは、いろいろ難しい解説がなされていますが、実はそれほど難しいことではなく、自分がこの世に存在しているということをネガティブにとらえるのではなく、自分自身で自分の運命を切り開いていくことを推奨する思想なのです。

いかがですか？　ニーチェの話を聞いているとちょっと生きる勇気が出てきませんか？　彼はどんな状況であったとしても、自分の人生を人のせいにばかりしていてはいけないと言います。親が悪いからとか、こんな国に生まれたからとか、こんな時代だからとか、そんな言い訳をするのではなく、未来に目を向け、自らの力で運命を選び取っていく勇気を持てと言うのです。

人生を自らの力で切り開いていくことの大切さを説いたニーチェは、生きていくための肉体を重要視します。彼の言葉を使えば、「肉体は一つの大きい理性」であり、「精神と名づけている君の小さい理性も君の肉体の道具なのだ」ということになります。

それまでの西洋思想では精神こそ絶対的なもので、肉体などというものは動物だって持っているのだから、それは自然界に属するものであって、人間の本質ではないとされていました。人間らしさを示すのはあくまでも精神であって、肉体は軽んじられていたのです。

そうした既存概念に対しニーチェは、肉体を軽蔑するのは、本来の己が死ぬことを欲し、生きるということに背を向けているからだと言います。なぜなら、人が生きるということは、ある意味、肉体を通して大地（＝自然）と結びつき、大地とエネルギーの循環を行なっていくことだと考えたからです。

ですからニーチェというのは、人はどう生きたらいいのかという根源的な命題に対して、自然とエネルギーを循環させながら、たくましく生きていく人間像というものを提示した思想家だと言えるのです。

これはいままでの、西洋思想にはない人間の理想像でした。

ニーチェの理想像は、どちらかと言うと東洋人のほうが抵抗感が少なく理解しやすいのではないかと思います。東洋には、道教などが代表的ですが、大地の気を自らの気とうまく循環させることが健康や長生きにつながるという思想が古くからあります。

こうした大地とつながる思想は、自分たちが生きるこの世界を肯定していくことにつながります。

つまり、すべてを受け入れて「イエス」と言う幼い子どもの精神です。

このようなニーチェの思想は、西洋世界にとってはある種の強烈な毒、劇薬となりました。でも、私たち東洋人にとっては、決して異質なものではないので、よい刺激として受け入れられます。これもまた日本でニーチェの人気が高い理由かもしれません。

## 「あなたはいまの人生を「もう一度」と言えるか——永劫回帰《えいごうかいき》」

二十世紀のフランスの作家、**アルベール・カミュ**(1913~60年)は、『シーシュポスの神話』という作品で、死という運命を背負いながらも生きつづける人間の姿を描きました。

この話は、ごく簡単に言えば、神の怒りを買ったシーシュポスという男が、大きな岩を山頂に押して運ぶという罰を受けるというもので、ギリシャ神話に題材をとったものです。シーシュポスは神に命じられたとおり岩を運ぶのですが、何度積み上げても、その岩は山頂に運び終えたとたんに転がり落ちてしまうのです。

昔、拷問《ごうもん》の一つに、穴を掘らせ、穴が掘れたらその穴を埋めさせ、埋まったらまた穴を掘らせるというものがあったという話を聞いたことがありますが、意味のない努力を強《し》いられるのは、メンタル的にかなりきついことです。

あなたがもしシーシュポスの立場だったらどうでしょう。

もちろん、そんなことは現実にはあり得ないのですが、同じようなこと、つまり不毛な努力がずっと繰り返され、「もう嫌だ」と思うことはあると思います。

頑張っているのに、なぜいつもこうなってしまうのだろう。こんなことなら、最初からするのではなかった。そう思ってしまう人は多いと思います。

ニーチェは、そんなときでさえ自らの意志で選び取れと言います。

つまり、それがどんなに辛いことでも、すごく嫌なことでも、「よし、もう一度」と自ら言ってしまおう、と言うのです。これがニーチェの言う「永劫回帰」の思想です。

シーシュポスも、やらされていると思うと罰にすぎないのですが、自ら「よし、もう一度」と思って岩を運べば、その瞬間にシーシュポスは、むしろ英雄的なカッコイイ存在になるというわけです。

不条理な運命に打ちひしがれるのではなく、苦難のプロセスを自ら積極的に受け止める生き方がカミュの実存主義です。

卑近な例で言えば、失恋して、女はもうごめんだと言って現実から逃避するのではなく、「よし、もう一度」というふうにまた女性にアタックしていくほうがカッコイイ。

しかし、現実というのはなかなか厳しくて、頑張っても思いどおりにいかないことが多々あります。

ニーチェが問うているのは、厳しさを味わったあとでも、自分自身で「よし、もう一度」と言えるような強さがあるか、そしてなおかつ、それがこの先何回も繰り返されてもいい、それでも悔いはないと言える決断なのか、ということなのです。

たとえば日本は、かつて太平洋戦争に突っ込んでしまうような選択をしました。あれは二度と繰り返したくないと誰もが思います。あのときに、戦争を回避する決断がもし他にもありえたなら、そうしたかったと思います。

しかし、後悔したり、もしそうでなかったらと想像したりするだけではいけません。

そういう過去でさえ、人生を振り返ったとき、あのときにあの挫折がもしなかったとしたら、いまの自分がないと考えれば、いまの自分を肯定したいのなら、かつての選択を引き受けなければならないのです。

もう一度あのようなことがあったとしても、むしろ自分は挫折を選び取る、ぐらいの覚悟で生きろとニーチェは言うのです。

なぜなら、そう考えることによって、現在の自分というものを肯定し、それが、過去を肯定し、全部が連なり、宇宙の創生から、すべてのものを肯定するということになるからです。

つまりニーチェの思想は、「否、否、否」といろいろなものを否定しているようですが、実は「自分自身を肯定しろ」と言っているのです。ニーチェの否定は、肯定するために必要な否定なのです。単なる自己正当化でない「肯定」をするためにはそれ相応の覚悟が必要となります。

ですから肯定した瞬間に、いろいろなものが全部つながって、必然に思えてくる。自分は偶然の産物のように見えるけれども、でも、ひとたび現在の自分を肯定したら、全部が必然に変わっていくのです。

人生は、偶然性の産物であるがゆえにおもしろいということも事実でしょう。ですから自分で自分自身を肯定するのであれば、その偶然性をも祝福することが必要なのです。ニーチェの永劫回帰は、あなたはいまの現実をもう一度選びますか？　そのつもりでいま決断しなさい、と決断に対する責任と覚悟を問うているのです。

特にいまは、いろいろなことにおいて選択の自由が常に残されていると思ってしまう傾向が強いので、永劫回帰の精神というものをもう一度きちんと考えてみる必要があると思います。

やり直しがきくというのは、いいことのようですが、あまり甘く考えると一回性の人生を生きる充実感という点ではどうしてもクオリティーが下がります。たった一度のやり直しのきかない人生だと思って物事を選択していったほうが、人生は充実するのだということです。

覚悟を持って選び、悔いを残さないよう充実させよう。すべてをそう考えて選択していくと人生は変わっていくはずです。

ですからニーチェの永劫回帰というのは、人間の生が何回も繰り返すと言っているわけではなく、そういう「覚悟」というものを問うているのだと私は思います。

一回きりの人生を充実させるためには、自らの人生を「選び取る」という覚悟を持たなければならない。そして、その覚悟を持てた時点で人はもう超人なのだということです。

## 「人間が自由でいるために必要なこと」

ニーチェもフーコーも大事にしていたものは何かというと、「自由」です。

自由でいたい。

ニーチェは自由でいるためにはそれなりの覚悟が必要だと言い、フーコーはそれを実践しました。だからこそフーコーは、差別されがちな同性愛者の存在を認め、そういう人もいることができる自由の尊さを追求していったのです。

そう考えると、ルソーなどもそうですけれど、西洋思想というのは、人間の自由というものを追い求めた長い戦いの歴史と言うこともできます。

個人の自由を権利として認めさせ、社会の雰囲気や常識を変えてきたという意味では、いまの西洋世界は戦いの果てにここまできたという歴史を持っています。その長い戦いを知っているので、西洋人は「自由」をとても大切にするのです。

そういう意味では、日本人はそれを途中からゴソッと輸入してしまったので、闘いの歴史を持ちません。それだけに、自由の価値を見失うところが若干あるのではないかと思います。

自由とか人権とか権利というものは、思想的にある種の連なりを持っていて、西洋ではいまだにそれを勝ち取るための「闘い」というプロセスが見られます。もちろん日本でもそうした運動はあったし、いまもあるのですが、闘ってでも勝ち取るべき価値のあるものだという意識は西洋ほど強くありません。

先日、スウェーデンの作家スティーグ・ラーソンが書いた『ミレニアム』というミステリー小説を読みました。世界で何千万部も売れた大ヒット作品で映画化もされています。この小説は、弱者や女性、子どもの権利が侵害されている事件に対して言論の力で闘っていく男が主人公です。彼は事件を隠蔽《いんぺい》しようとする権力者たちに対して、言論の力、論理の力、あるいはコンピューターの知識などを総動員して、その嘘を暴きたてていくというものです。

ここで作者が伝えたいメッセージは何かというと、女、子どもに対して暴力を振るうな、振るう男は徹底して追いつめるぞ、というものです。

こうした本を読むと、やはり西洋は日本よりも男女平等意識とか、権利意識がすごく発達しているのだなということを痛感させられます。もちろんスウェーデンでもそういう差別があるからこそ、こうしたものが書かれるのですが、そうしたことは憲法に抵触するので絶対に許されない、というようなニュアンスで「憲法」という言葉がしばしば会話に出てきます。こうしたことは日本人ではほとんどないことです。

会話に出てこないどころか、私たち日本人の多くは、自国の憲法の内容を正確には知りません。

先日も某クイズ番組で、「普段」という言葉はもともとどういう字だったかという国語の問題を出したのですが、知らない人がかなりいました。

いまは「普段」という字を日常的という意味で使いますが、かつては「不断」という字を用いました。これは途切れがないとか、絶え間なく、といった意味を持っています。

実は憲法を知っていれば、このクイズは解けたのです。なぜなら、憲法には「不断の努力」ということがはっきり書かれているからです。

---

【日本国憲法　第三章　第十二条】

この憲法が国民に保障する自由及び権利は、国民の不断の努力によつて、これを保持しなければならない。又、国民は、これを濫用してはならないのであつて、常に公共の福祉のためにこれを利用する責任を負ふ。

---

「普段の努力」と言うと、いつもやっている努力という意味になりますが、「不断の努力」というのは絶え間ない努力という意味なので、似ていますがニュアンスが違います。

憲法というのは、他の法律とは根本的に違うものです。何が違うかというと、一般的な法律というのは、主に人々を取り締まるためのもので、私たちがしてはいけないことが書いてあります。

それに対して憲法というのは、私たちの権利を記したものなのです。そして、その権利に基づいて、国家と政府、司法機関の権力をコントロールするのですから、主に権力を取り締まるための法律と言ってもいいでしょう。

ですから、憲法というのは、主には国家を監視し、国家の横暴を許さないために人民の側から突きつけた刃なのです。国家権力はその刃が喉もとに突きつけられているから勝手なことをできなくなります。

ということは、憲法がうまく機能しなくなると、独裁政権が生まれてしまったり、国民の権利を無視した横暴なことが行なわれてしまうということでもあるので、憲法というのは非常に重要なものなのです。

だからこそ自分たちの憲法は知っていなければいけないし、教育の場でも最初のほうで教えなければなりません。私たち国民にはこういう権利があるということを知らずに大人になってしまうと、社会は非常に不安定なものになってしまうからです。

西洋の人たちは、憲法に記されている権利が、どれも簡単に与えられたものではなく、自分たちの血を流すことで勝ち取ってきたものなのだということを知っています。

私たち日本人が西洋思想を学ぶことは、いま自分たちが与えられている権利を、歴史の贈り物としてきちんと認識して、使いこなすためにも必要なことだと思います。

もちろん憲法には、権利だけではなく国民の義務も書かれています。教育（を受けさせる）、勤労、納税は国民の三大義務ですが、最近は定職につかず、納税の義務を十分に果たしていると言いがたい人もいます。

もちろんそこには、その人たちのせいばかりではない問題も多々あるのですが、「自分はきちんと国民としての義務を果たしているのだろうか」ということを改めて認識するということも含めて、憲法を知ることで、自由とは何かを考えてみてはいかがでしょうか。

chapter

# 8

# この世界に「ある」とはどういうことか

ハイデガー・フッサール・メルロ＝ポンティ

## 「ハイデガーが『存在と時間』で言いたかったこと」

ニーチェが問いかけた「覚悟」の有無を、もう少し哲学らしい形で引き継いだのが**ハイデガー**（1889〜1976年）です。ハイデガーは、現象学を提唱した**フッサール**（1859〜1938年）の弟子でもあるので、彼の思想にはフッサールの影響も見られます。

そんなハイデガーが言ったのは、**われわれ人間が存在しているということは、ものがあるというのとはまったく違うことなんだ**という発見でした。

たとえば、テーブルやイスが「ある」というのと、われわれがいまここに生きて「存在している」というのは違う。つまり、ものがそこに「ある」という動詞と、人が存在していると言うときの「ある」という動詞には、違う意味合いがあると言うのです。

何が違うのか、その説明をするためには、そもそも人間というのはどのような存在なのか、ということに触れなければなりません。そのことについて述べたのが、ハイデガーの『存在と時間』という著書です。

この中でハイデガーは、多くの人は「非本来的な生き方」ばかりしている、と言っています。非本来的というのは、本当の生き方ではない、ということですが、もっとわかりやすく言えば、人生においてすべきことをしないで生きているということになるでしょう。

もしもハイデガーが私たちの生活を見たら、「テレビばかり見ていたり、おしゃべりばかりしていたり、ネットをやって、携帯をピチピチいじって、そんなに惰性的に人生を過ごしてよく平気でいられるね、そんなことで本当に生きていると言えるのか?」と、言うのではないかと思います。

でも、テレビを見たりおしゃべりをしたりするのは、無駄と言えば無駄かもしれませんが、それは楽しみでもあります。

それがなぜいけないのでしょう。

ハイデガーは、そこに「ごまかしがある」からだと言います。そして、何をごまかしているのかというと、自分が死ぬことだと言うのです。

ダラダラした時間を過ごしている人は、いつまでもいまの状態のまま、みんなと長くいられると思っているかもしれませんが、人は必ず死ぬものです。しかも、死ぬときはたった一人で死ななければなりません。ハイデガーはこれについて「人は自分自身の死を死ぬしかない」という言い方をしますが、ごく簡単に言えば、人は生まれてくるときも一人なら、最期も一人で逝《い》かなければならない、ということです。

人間は、自分にそうした孤独な死というものが必ず来ることを知っているのだから、それをおしゃべりで紛《まぎ》らわせて忘れてしまったことにしたり、目をそむけてしまうのは人間本来の生き方ではないと言います。

では、ハイデガーはどうしろと言うのでしょう。

ここで出てくるのがニーチェから受け継いだ「覚悟を持て」ということです。

**人はどうせいつか死ぬのだから、それを先取りして、覚悟を持って、現在の生き方に充実感を持たせろ、とハイデガーは言います。**これがハイデガーの言う**「先駆的覚悟」**です。

当たり前のようですが、人間には過去があって現在があって、そしてたぶん未来もあります。未来がどこで終わるのかはわかりませんが、現在を積み重ねていくことで、未来は向こうから到来してきます。現在だと思っている瞬間が、次の瞬間には過去になり、また新しい未来がやってくるからです。

そう考えると、いまの自分というのは、過去と未来が波のように押し合っている、そのちょうど間に存在しているということになります。つまり、人間というのは、「時間」というものと切り離せない「時間的な存在」なのです。

ですから、最初の命題に戻ると、物があるのと、人間が存在するのでは、同じ「ある」でも何が違うのかというと、人間存在には過去と現在と未来という時間が含まれているということが違うのです。

このことに気がついたとき、ハイデガーはこれまでの思想に大きな欠点があったことにも気がつきます。それは、これまで多くの思想家が、人間とは何か、人間の本質とは何か、という問いを立ててさまざまな思想を提唱してきましたが、そこに「時間」という要素が含まれていないということです。

人間は時間的存在なのですから、それを考慮しない時間が止まったような思想では正しく人間存在をとらえることができるはずがありません。さらに、「人間とは」という一般的な問いでは、個人の内側にまで入ることもできません。

人間について考えるとき、この人はこうした生き方をしてきたから、現在こう考え、さらにこうした未来を選び取りたいと思っているというところまで見ていかなければ、現実に存在している人間というものを本当にとらえきることはできないはずだ、と考えたのです。こうしてハイデガーは、「時間」という要素を哲学に取り入れたのです。

## 日本人の「本来的な生き方」

自らの死を意識して覚悟を持って生きる。

かつて、これを実践していた人たちが日本にはたくさんいました。

それはどういう人たちかというと、武士です。

「武士道と云《い》ふは死ぬ事と見つけたり」という『葉隠《はがくれ》』の言葉はあまりにも有名です

が、実際、彼らは幼い頃から切腹の作法を学ぶなど、いつ死が訪れても動じないための訓練をして育ちます。いまそんなことをしている人々は、滅多にないでしょう。

同じ『葉隠』には、武士の本分とは主君から死を賜《たまわ》ることだ、といった内容もあるので、これは主君に従順に生きよ、ということだと解釈したくなるかもしれませんが、そうではないと私は思います。武士たるものはいつも死を意識して、いつ自分の死がきても動じないように心を整えておけということだと思います。

ですから武士というのは、「八〇歳まで生きるとして、それまでの段階として四〇歳を過ごす」というような計画性で生きていません。いつ死が訪れるかわからないからです。実際、当時は、死が突然訪れる確率もそう低くはありませんでした。突然死が訪れたときに準備をしても遅いのですから、子どもの頃からいつそういう事態に陥っても身を投げだせるように訓練しているのです。

いつ死んでもいいように、と言うと自暴自棄な印象を受けるかもしれませんが、そんなことはありません。私たち日本人の多くは、坂本龍馬《さかもとりょうま》をはじめ幕末の志士たちの生き方に感動しますが、実は彼らの生き方に共通しているのが、まさに「自らの死を意識して覚悟を持って生きる」ということです。そういう人たちがたくさんいたからこそ、日本は明治維新ができたのです。

明治維新というのは、武士が中心になって行なった大改革でした。

日本人は自分たちの歴史として慣れ親しんでいるのであまり意識していませんが、明治維新は世界的に見て非常に珍しい出来事なのです。なぜなら、フランス革命しかり、ロシア革命しかり、またアメリカの独立戦争も広義ではそう言えると思うのですが、為政者の交代を伴うような大きな変化は、「下のものが上を倒す」という形で行なわれるのが世界の常識だからです。

薩摩藩・長州藩対幕府という見方をすれば、この公式に当てはまるようにも見えますが、ヒエラルキーという点では、彼らもまた「上」に属する人々です。その上に属する人々が、自らの身分を失わせるために命をかけて行なった大改革が明治維新なのです。

このまま幕府に任せていたら、日本は外国に食いものにされてダメになってしまう。そうさせないために、日本という国の独立を守るために、彼らは改革を目指すわけですが、それが成し遂げられたときどうなるかというと、自分たちの「武士」という身分は失われてしまうのです。

普通は、自分たちが生きるために戦います。でも、幕末の志士たちは、国の独立を守るためなら自分たちの身分はもちろん、命が失われてもいい。そういう強い覚悟のもとに戦ったのですから、とても珍しい改革なのです。

そして実際、多くの志士たちが道半ばで死んでいきます。それでも他の志士の気持ちが萎《な》えないのは、悔いなく死ねるメンタリティとでも言うべき「覚悟」を培《つちか》っていたからだと思います。これはまさにハイデガーの言う「先駆的覚悟」です。

ですから彼らは、倒れていくときも自らの死を「無念」と思うのではなく、自分の死が未来をつくるのだと思って死んでいきます。

おそらく、三島由紀夫《みしまゆきお》が憧れた世界というのも、こうした覚悟を持って、自分の人生を充実して生きるということだったのだと思います。

彼が自衛官たちに問うたのは、「君たちにはこの国を守るという覚悟があるのか」ということでした。しかし、この問いかけに返事は返ってきませんでした。だから、三島は自らの覚悟を見せるために割腹したのだと思います。

まあさすがに三島由紀夫ぐらいまで行ってしまうと、ちょっと行きすぎというか、違和感があるかもしれませんが、自らの死を意識することで人生の価値観が大きく変わることは事実です。

たとえば、ガンなどの重病を告知された人などもそうです。彼らは「自分の死」が急に身近になったことで、いまがいかに大切かということに気づきます。その結果、多くの人が新しいことを学ぼうとしたり、何かを創作しはじめます。絵や書を習ってみたり、俳句や作詞、作曲など、むしろ死を間近にした人のほうが切実に学び、創造します。

彼らは時間が限られているからこそ、到達点がどこかではなく、いまを充実させて生きるために学ぶのです。彼らが学ぶのは、学ぶことが人生を最も充実させることだからです。

このように考えると、ハイデガーが『存在と時間』で語った「死を覚悟して生きる」というメッセージが、必ずしも日本人にとっては難解な西洋の思想ではないことがおわかりいただけるのではないでしょうか。

## 〝世界〟の中で私たちは出会う――「世界内存在」

ハイデガーは人間というのは「世界内存在」だという言い方をします。

これはどういうことかと言うと、私たちは世界の中に住んでいるということです。これだけだと「何を当たり前のことを」と思うかもしれません。でも、よく考えてみると〝世界〟とは何でしょうか？

普通は、テーブルがここにあり、その前に人間が座って何かを書く、と思うのですが、それでは「世界」というものを無視している、とハイデガーは言うのです。なぜなら、机とかイスというものは、宇宙にぽつねんと存在しているわけではなく、イスは私たちが座る道具としてそこにあって、テーブルは私たちがものを書いたり食べるときに使うものとしてそこにあるからです。

こうした**「○○のために」という関係でものが存在していることを「道具連関」と言う**のですが、ハイデガーは、世界というのはこうした「道具連関」によって形成されていると考えました。

そんな世界の中に包まれているから、私たちはものと出会うし、人と出会うのです。このような前提に立つと、純粋な宇宙の中で孤立した男と女が出会うということはあり得ない、人間はものとも人とも道具連関の絡みあった「世界」の中で出会うのだから、人はそもそも世界に参加している「世界内存在」なのだ、ということです。

こうした考えを少しアレンジさせると、人は自分を取り巻く道具連関に働きかけることで、自分の世界を作りだしている、とも言えます。

たとえば、私たちは自分の部屋には自分の好きなものを集めます。するとそこには「自分の世界」ができてきます。ロックが好きな人は、ロックに関するものが好きになって、そうしているうちにロックミュージシャンの頭になってきて、そうした自分自身の精神を投影する形で自分の世界をつくっていきます。

生物学者の**ユクスキュル**（1864〜1944年）は、『生物から見た世界』という著書の中で、それぞれの動物が知覚し作用する世界の総体が、その動物にとっての環境であると言っています。これはわかりやすく言えば、ダニにはダニの世界があるということです。

ダニは目も見えず、感覚も三つぐらいしかないので、そんなダニが認識している世界というのは私たち人間とはまったく異なる世界であるはずです。

同じ地球上、同じ環境にいても、ダニにはダニの世界があり、人間には人間の世界がある。それぞれは同じ場所にいながら異なる世界で生きている。でもこれはダニと人間だからということには限りません。感覚が異なれば認識が異なり、認識が違えば世界は違ってくるので、イヌと人間だって別の世界を生きているのです。

このように考えていくと、同じ人間であっても、感覚は一人ひとり違うのですから、人は皆、異なる世界に生きているのかもしれない、ということになります。

私たちが生きている「世界」は、私たち自身が選択してつくっている「自分の世界」です。そして、そこに内的存在として存在している私たちは、この世界に単純に放り出されているのではなく、自ら世界をつくっているのです。

## 「一人ひとりが生きるための哲学」

こうしたハイデガーの思想は、一人ひとりの人生というものを含んだ哲学を作りだしました。

それまでの哲学というのは、「本質的＝一般的」という前提のもとに問いが立てられていました。だからこそ「人間とは」とか「幸せな生き方とは」といった命題が取り上げられてきたのです。でも、より本質的なものを追求していったとき、ハイデガーは哲学は個別的にならざるを得ないということに気づきました。

だから、あなたの人生、あなたの世界は、あなた自身が覚悟を持って生きないとダメなのだ、ということになるのです。

一人ひとりが覚悟を持たなければダメだというのは、ハイデガーがニーチェの流れを受け継いだものですが、ニーチェがなぜそう考えるようになったのか、と遡っていくと、充実した燃えるような人生、自分が生きた証《あかし》を確かなものとして自分で感じられるような人生を生きたいという欲望自体は、昔から人間が追い求めてきたものだとも言えます。人間がそうした欲求を持つのは、人間が先駆的な意識を持つことができる存在だからです。

イヌを飼ったことがある人はわかると思いますが、イヌは最期を迎えるときでも人間のように生に執着を見せません。普通、人間は死ぬことを恐れます。そして、もっと生きていたいと思います。

もちろんイヌも残酷なことをされれば嫌がりますが、自分の体が弱って自然な死を迎えるときには、すごく穏やかに「さようなら。お世話になりました」という感じで、スッと亡くなっていきます。そうした姿は、生き物としてある種あきらめがいいとも言えますが、切なさも感じてしまいます。

イヌが恐れない死を、なぜ人は恐れるのかと言うと、人間は死というものを先取りすることができるからです。これをハイデガーは「先駆的不安」と呼びましたが、つまり、人間はまだここにないはずの死を先取りして不安になっているということです。

ですからハイデガーが言いたいのは、どうせ死を先取りしてしまうのが人間であるのなら、**先取りして不安におびえるのではなく、先取りすることで覚悟したほうが今の生を充実させることができる**、ということなのです。

無気力に、ただ不安、絶望の中で落ちていってしまうのではなくて、そこで反転して、むしろ死へ向かっていくことでいまを充実させて生きていけ、ということです。ここには後の実存主義的な「反転する意志」のような力強さがあります。

ここでいう「反転」とは、逆方向に行くということではなく、自分本来の人生を自分で取り戻すということです。宮沢賢治《みやざわけんじ》の作品に『よだかの星』という小説がありますが、あれはまさにこのことを伝えているのではないかと私は思います。

主人公のよだかは、はちすずめやかわせみの兄でありながら、その醜さから鷹にいじめられます。お前は、よだかだと言うけれど、鷹とは全然違うのだから、タカの字をつけている資格はないとして、「市蔵《いちぞう》」という名前に変えろと言われてしまいます。よだかはいじめられるのが辛く、もう死んでしまいたいと思います。

そんなよだかが、ふと虫を食べた自分に驚きます。自分はいじめられて、もう死んでしまいたいと思っているのに、他の命を食べて命を長らえようとしてる、と気づいたからです。食物連鎖の中にいる自分に嫌気がさしたよだかは、星の仲間になりたいと願いますが、ここでも太陽や星に拒絶されてしまいます。

完全に居場所を失ったよだかは、絶望して落ちていくのですが、地上に激突する寸前に反転するのです。反転して、ひたすら上昇していって、最後は燃える星になります。

この反転する前後のよだかのメンタリティの違い、これこそが先駆的不安に恐怖する人と、先駆的覚悟のもといまを一生懸命に生きる人との違いです。

おそらくよだかは、落ちていく中で開き直ったのでしょう。「もういい、もうだれにも頼まない、俺は生きれるだけ自分を生きる」という気持ちで、身を捨てて、ひたすら上昇しつづけたのだと思います。そして、その結果、望んでもなれなかった星に自らの力でなるのです。

どこかで覚悟を決めて、人を頼らず自分で自分の命というものを最後まで貫くことで最後は星になる。その生き方は、まさにニーチェやハイデガーが目指したものと言えるのではないでしょうか。

## 「健全な自己肯定感を持とう」

生きていれば、この世界が嫌になってしまうことも、自分を嫌いになることも結構あると思います。でも、そうした嫌悪感は心を弱くし、どんどん悪循環に陥ってしまいがちです。最後にはいろいろなことが面倒くさくなって、この命を断てば面倒くさいことから逃れられる、と不安感が絶望感に変わっていってしまうので危険です。

私は、自殺予防の会などで話をさせてもらうことがあるのですが、自殺をする人というのは、自分が死んでしまえば借金や仕事・家族問題などのわずらわしい状態から解放される、という気持ちで死んでしまう人も多いらしいのです。

ですから、自分の命というものを簡単に断ってしまわないためにも、死というものはいずれ向こうから訪れるものなのだから、自分から死を選ぶのではなく、逆に死というものを正面から受け止めることで、いま何かを選び取っていくというポジティブな気持ちを持てるようなメンタリティを、心の技として早いうちに身につけておくことが必要なのだと思います。

大変なことが起きれば誰だって不安になるし、嫌にもなります。そうしたときに心を立て直して「よし、もう一度頑張ろう」と思うために必要なのは「自己肯定感」です。

健全な自己肯定感がない人がたどる道は二つです。自己否定か、他者否定か。極端になれば、自己否定にいって、自らの命を奪う道、もう一つは他者の命を奪う道です。この他者の命を奪うというのは、一見すると他者否定のように見えるのですが、これも根底にあるのは自己否定なので、実は自分を殺すのと同じなのです。無差別殺人事件のような一見理由のわからないことをやってしまう人というのは、どこか健全な自己肯定感に欠けているのです。

現在の日本の自殺者は八年連続で三万人を超えていますが、これほど自殺者が多いというのは、自己肯定感をきちんと持てていない人が持続的に増えているということなので、実はとても大きな問題なのです。

自己肯定感を持てるようになるためには、小さい頃からの教育が大切です。ところが、この教育方法が確立されていないのが、また大きな問題なのです。

最近は、子どもはほめたほうがいい、ほめる教育がいいと言う人が増え、子育て本も「ほめて育てる」という内容のものが増えているのですが、私はそんな単純なものではない、と思ってしまいます。

親からきちんと叱られず、ほめられてばかりいた子は、社会に出たときに突然ほめてもらえなくなるので、実はポキッといってしまうことが多いのです。こうした人は、上司に叱られたからという理由で簡単に会社を辞めてしまいます。

もちろんほめることも必要なのですが、あまり何でもかんでもほめてはかえって逆効果です。ある種の苦難を経験し、それを叱咤激励《しったげきれい》して乗り越えたときに初めてほめるようにしなければ、苦難から逃げてしまうからです。

だから、勉強や習い事がいいのです。

よく、何のために勉強するのかと聞く子どもがいます。もちろん勉強は知識を得るためでもあるのですが、勉強の本当の価値は、苦難に直面したとき、それを乗り越えるのがおもしろいというメンタリティを育てることにあると私は思っています。

勉強というのは、わからないものがあっても、それをがまんしてやりつづけることで、できなかったことができるようになるというプロセスを繰り返すことです。そういう意味では、私たちが学校で学ぶことは、勉強もスポーツも音楽も、全部苦難を乗り越えていく作業だと言えます。

これをそのままニーチェの言う「超人」だとするのは少しオーバーですが、教育というのは、まさに乗り越え、乗り越えしていくことで学ぶ意志を育て、更新した自分を肯定していくという意味では「超人への道」だと言えます。

できなかったことができるようになる、過去の自分を乗り越えることが自己肯定につながるので、実は負荷やトラブルがあったほうが人は自分を肯定しやすくなるのです。なぜなら、明確な目標があったほうが、乗り越えやすいからです。

ですからハイデガーが言う「死を覚悟して生きる」というのは、死という当然起こりうる最悪のトラブルを自ら設定することで、どんなものも乗り越えられる強いメンタリティをつくろう、というふうに理解することができます。

## 「思い込みをカッコに入れよう――フッサールの現象学」

ハイデガーが、そもそも「ある」ということはどういうことかという命題を立てたのは、彼の師であるフッサールの影響です。

フッサールは現象学を唱えた思想家として有名ですが、彼が現象学に至った原点には、既存の理性主義に対する危機感がありました。

フッサールが活動した十九世紀から二十世紀初頭は、第一次世界大戦があり、科学万能の考え方が揺らいでいく時代でした。こうした時代に、フッサールが学問の危機を感じていたことは、彼の著書『ヨーロッパ諸学の危機と超越論的現象学』というタイトルからもうかがえます。

この本でフッサールは、最終的には理性というものを信じたほうがいいと言うのですが、信じるに当たって、偏見や先入見など「ドクサ」に注意しろと言っています。ドクサとは、わかりやすい言葉を使えば「思い込み」ということです。

たとえば独裁国家に暮らす人々のように、自分たちの国が世界で一番いい国だと思い込まされている人にとっては、その国がこの世の天国なのです。でもこれは、「思い込み（ドクサ）」です。

そうした人が初めて他の国に行ったらひどく戸惑うでしょうが、それは自分の信じていた世界が実は幻想だったという現実を突きつけられるからなのです。

では、思い込みに惑わされないためにはどうすればいいのでしょう。

**フッサールはここで、はっきりしないものはすべて一回カッコに入れて、判断するのを保留しよう、と提案します。**本当の「知（エピステーメー）」を知るためには、まずドクサを外して透明性を確保しなければならない、と考えたからです。

ちなみに、ドクサをカッコに入れて判断するのをやめてしまうことを、現象学では「エポケー（判断中止）」と称します。

現象学の用語を使うと、なにやら難しいことを言っているような感じがしますが、要は、**物事を思い込みで判断するのをやめて、現象そのものを丁寧に観察し、記述しよう、判断はその後にすればいい、**と言っているのです。

こうしたフッサールの思考法のルーツになっているのが、デカルトの思想です。

先述したように、デカルトはいろいろなものをすぐに信じるのではなく、あれもこれも、すべてを疑ってみることから始めた人です。私たちはそこに何かがあると思っているけれど、それは思い込みであって、本当はないかもしれないし、幻影なのかもしれない、そう考えたデカルトは、すべてのものを疑い、最終的に、「唯一信じられるのは、いま疑っている自分だけだ」という思想にたどり着きます。

フッサールは、このデカルトの思考法に少しアレンジを加え、私たちはどうしても先入見を持って物事を見てしまっているので、一回、その先入見に基づく判断をカッコに入れてしまおう。そして、その上で、事柄そのものへ戻り、現象を丁寧に観察してみよう、と提案したのです。

ですから現象学では、リンゴがあったとき「これはリンゴだ」と言って済ませるのではなく、一度は「これはリンゴだ」という意識を取り去って、一個一個のリンゴを観察し、その個別性を認めて、丁寧に記述していきます。

たとえば、「この果物は濃い赤色でピカピカ輝いているけれど、右側に一センチほどの浅い傷がある」というように、調書でも書くような細かさで観察して、わかったことを丁寧に書き出していくのです。すると、その書き出したものを別の人が見ても、一〇〇個あるリンゴの中から、「そのリンゴはこれだね」と識別することができる。そういうものが現象学的記述なのです。

そこまで細かく観察し、丁寧に記述していくと、対象に愛情が芽生えてきます。そして、そこまで観察すると、世界に同じものが二つとないことを痛感するので、そうした唯一の存在がいまここにあるということに驚きと感動が感じられてきます。

こうした新鮮な驚きを世界のすべての現象に感じることができるようになることが、現象学の素晴らしさなのです。

このように考えると、画家がやっていることも立派な現象学だと言えます。

リンゴを描くとき、画家は概念的な絵を描くようなことはしません。そんなことをしたら、それはリンゴという「記号」になってしまうからです。

画家は一筆一筆、丁寧にリンゴを見ながら描いていきます。それは彼らにとって絵を描くという行為は、リンゴという存在そのものをキャンバスに写し取ることだからです。概念にとらわれず、観察を通して存在そのものを描き取るのですから、画家の絵を描くという行為は、現象学的な記述をやっているのと同じことなのです。

現象学では、観察を記述するわけですが、記述するということは、意外と難しいことなのです。なぜなら、世界に対して驚けないと記述できないからです。

世界に対して驚くというのは、別の言い方をすれば、そこにいままで気づかなかった何かを発見するということです。

発見と言っても、それは必ずしも新しいものを発見するという意味ではありません。

たとえば、リンゴを見たとき、「このリンゴは他のものよりピカピカ光っている」とか、「へたの所に小さな傷がある」というように、何か他のものとは違う新鮮に感じる部分を見つけ出すということです。

そうした発見は、新鮮さとともに驚きと感動をもたらします。

フッサールの書いた文章は小難しいので、現象学も小難しいもののような気がしてしまうのですが、実は思い込みや先入観を捨てて、ありのままを観察することで、目の前にある世界にもう一度、新鮮に感動できるような直観力を取り戻そうと言っているのです。

## 「本質は〝直観〟でつかめ」

フッサールは、**人間には本質をつかみ取る直観、「本質直観」がある**と言います。

たとえば、私たちは机のようなものを見たとき、これは机と言えるけれど、こちらは机とは言えないというように、本質の有無を判断しますが、それはどのようにして判断しているのかと言うと、思考ではなく直観だと言うのです。

たとえば、ごく普通のイスは四本脚ですが、脚が五本でも六本でも三本でも、きちんと立っていればイスと言えます。脚が二本というのは少し難しいですが、円柱のようなものでも座面があればイスと言えます。背もたれはあってもなくてもいいですが、座面の角度が四五度を越えるようでは座りにくいのでイスとは言えない。

言葉にすると、思考で判断しているようですが、実際には頭の中でイスというものを想像し、いろいろ変更しながら、アレンジを加えながら、ここまではイスと言える、ここからはイスと言えない、ということを直観で判断しています。

フッサールは、この頭の中でアレンジを加えていくことを「想像変更」、判断するときに用いている直観を「本質直観」と言いました。

現象学的アプローチで物事の本質にまで迫りたいと思っていたフッサールは、丁寧に観察し記述するだけでは足りない、この本質直観を使わなければ、本質を見落としてしまうかもしれないと思うようになっていきます。

本質に迫ると言っても、いま挙げたイスのようなものなら簡単ですが、これがたとえば「人の権利」についてとか、「表現の自由」みたいなものになると、どこまでがオーケーでどこからが行きすぎなのかというのは、他の権利との兼ね合いもあるので少々難しい問題です。

実際にはその難しいことを、私たちは、みんなが想像変更しながら、「このへんですかね」、という形で判断を下しています。

表現の自由というような概念的なものでも、ただ単に、表われでた現象を記述するだけでなく、直観的にそういうものをつかんで本質までいく必要がある。そうしなければ本質はつかみ取れない、ということです。

では、実際にはどうすればいいのか、と言うと難しいのですが、その難しいことを画家はすでにやっています。

たとえば、画家は山を描くときに、「山」という一つの現象を描いているようですが、実際にはそれだけでなく、「山の本質」をも何とかしてとらえようとしています。

一つの花を描くときも、そこには花というものが持つうつろいゆく命の美しさというものが込められ、いい作品であれば、見る者もそれを感じ取り感動することができます。

そうした絵は、その花を描いているのですが、その花の姿だけでなく、作者が本質直観で得た「本質」が表現されています。

素晴らしい絵を見たときに人は感動しますが、それは必ずしも写真のような絵である必要はありません。たとえば、その花にそっくりでなくても、花の本質が描けていれば、その絵は生命を持ちます。逆に、写真のようにその花そっくりに描かれた絵であっても、そこに花の本質が描けていないと、絵として一流ではないということになります。

ゴッホの絵は、一般的な意味で上手な絵ではありません。初めてゴッホの絵を見たときに、「なんだ子どもが描いたような絵じゃないか」と思った人も多いのではないかと思います。そんな絵がこれほど人々を感動させるのは、そこに「本質」が描かれているからなのです。これはとてもすごいことです。

ゴッホが好きな人はゴッホの作品を見たときに、フェルメールが好きな人はフェルメールの作品を見たときに、「本質」が迫ってくるので描かれている内容以上のことを感じ感動するのです。

フェルメールが名作『牛乳を注ぐ女』で描いたのは、実直そうなオランダのおばちゃんが牛乳を注いでいる姿です。このおばちゃんは決して美人ではないし、その姿は一般的に美しいと言われるものでもありません。でも、私たちはあの絵を見たときに、圧倒されるような「生きることの美しさ」を感じます。美人がきれいな格好をしている絵よりも美しいと感じます。

その美しさは「本質」が生みだした美しさと言っていいでしょう。

あの絵の切り取られた一瞬からは、人生とは何なのかということが伝わってきます。人が働くとはどういうことなのか、生活をするとはどういうことなのか、つまり、あの絵は一瞬でありながら永遠でもあるのです。

こうした本質をつかんだ表現ができたとき、人はそこに自分の人生を学びます。そして、これが生きていることの本質なのだとか、これが美しいということなのだというふうに、目が開かれるのです。フッサールは、現象学もその高みを目指さなければいけないのではないかと言っているわけです。

フッサールから現象学を受け継いだ**メルロ＝ポンティ**（1908～61年）は、現象学について次のように述べています。

> バルザックの、プルーストの作品、ヴァレリーの、あるいはセザンヌの作品がそ

うであるように、現象学とは不断の辛苦である——おなじ種類の注意と驚異、意識に対する、おなじ要求、世界あるいは歴史の意味を、それが生まれでる状態においてとらえようとする、そのおなじ意志によって。(『知覚の現象学』竹内芳郎、小木貞孝訳・みすず書房)

理性主義の危機と言っていたフッサールが、最終的に理性を肯定することになるのも、人間にそういうことができるのは、やはり理性の働きだという結論に達するからです。きちんと本質をつかまえるとか、きちんと記述できるというのが理性の働きであるなら、理性はあったほうがいい、ということです。

## 「自分たちの生活感覚を大事にしよう——「間主観性《かんしゅかんせい》」を使う」

現象学では、私たちが生きている世界、つまり生活世界での感覚というものをとても大切にします。なぜなら「直観」というものは生活世界の中で養われるものだからです。

生活世界には、いろいろな思い込みが含まれています。私たちはそのことを知っているはずなのですが、なぜか科学の分野においては、一〇〇%という純粋な世界というものを設定してしまいがちです。

フッサールはそのことにも警鐘《けいしょう》を鳴らします。

科学というと、どこか私たちの生活世界とは別のところで行なわれていることのように思いがちですが、実際には科学も私たちが普通に生活している世界の直観や感覚というものを基礎にして成り立っている。だから、たとえ科学であっても一〇〇%を追い求めてしまうのは実は危険だというのです。

そして、そのことを訴えるために、科学も実は生活世界に基づいているのだという証明を一生懸命に行ないます。

フッサールは、生活世界の重要性、そこに生きている自分たちの感覚というものを大事にしようということを、「間主観性」が重要だと言います。

これは、わかりやすく言うと、客観性というものを前提にするのはやめよう、それより主観の共通部分を大切にしようということです。

なぜ完全な客観性を求めてはいけないのかと言うと、純粋な客観性などないからです。

私たちが認識できるのは、あくまでも主観だけです。客観的に見て、とか言いますが、実際には主観を通してしか物事をとらえることはできません。

そんな「主観」しか持たない私たち人間が社会生活を行なうために必要なのは、とらえることのできない客観性ではなく、主観と主観の間、「間主観性」だとフッサールは考えたのです。

間主観性は「共同主観性」とも言うのですが、要するにお互いの主観同士が共同で持っている部分ということです。いくつかの主観があり、そこに何となく共通するものがあれば、それはだいたい客観性に近いものと考えてもいいのではないか、ということです。

つまり、完全に一〇〇%の客観性というものはないのだけれど、誰がどう考えてもこういう部分はあるよね、というもの、たとえば「リンゴは青というよりは赤いよね」ということぐらいは客観的なものとして認識してもいいのではないか、ということです。

こうした考え方ができるようになると、リンゴは赤いということはいいけれど、赤といっても実際にはいろいろな赤があるのだから、それがどんな赤なのかということはもう少し意見をすりあわせることが必要だ、というように冷静に話し合うことができるようになります。

これは非常にまともな考え方で、いまの裁判員制度にも使えるものだと思います。

たとえば、何人か選ばれた裁判員の中に、とてもエキセントリックな人が一人いたとしましょう。この人はすごく変わったものの見方をするのでおもしろいのですが、変わっているだけに、人とは違う意見が出ることがあります。

そういう人であっても、これは相手を助けようとしたというよりは、自分の保身を優先させた結果だよね、とか、常識的に考えればここで救急車を呼ぶよね、といったわれわれの生活世界の常識というものでは一致する部分があります。

ですから、裁判員の間で意見が分かれたというような場合でも、間主観性という物の見方を取り入れることで、ここからは人によって意見が分かれるところですが、ここまでは大丈夫ですよね、という議論ができるようになるので、理性に対する信頼性を確保することができるようになります。

『十二人の怒れる男』という映画がありますが、あれはまさにこの間主観性の大切さをテーマとした作品と言えます。

映画では、当初、犯人が黒人であるという思い込みから、どんどん先入見が生まれていきます。ところが、ある一人の男が、「もう一回見直してみよう」と言い、見直していくと、実はほとんどのことが偏見だったということがわかり、結局無罪になるのですが、あれは陪審員制度の中で、間主観性を形成していくプロセスを描いているのです。

一〇〇％客観的な正解があると思ってしまうのはかえって危険なことなので、まずはどこからが灰色世界なのかということを明確にし、その上で、灰色世界の中での妥当性を丁寧に見ていこう、ということです。

これは現象学におけるとても大きな発見でした。

なぜならそれまでは、一〇〇％の正解をキリスト教が保証すると言ったり、プラトンのイデアの世界も一〇〇％正解の世界だとされていたからです。そうしたものに対しフッサールは、一〇〇％正解の世界があると前提すること自体おかしいのだから、もうそう思うのはやめようと言ったのです。

人は偏見や、先入見だけで「あいつがやったに決まっている」と思うことがあるけれど、そうした偏見は実は自分の心の歪みが投影されたものなので、結局は自分の歪みが自分を苦しめているのです。

外国と日本の関係も、互いに偏見を捨てて、個人個人を見ていけば、問題は外国人だから、日本人だからという所にあるのではなく、個人の問題だということがわかるはずです。日本人でもつきあいにくいやつはいるし、外国人でも約束を守る人は多い。実際に旅行したり、個人としてふれあってみるといい人間だったということはよくあります。ですから偏見や先入見を取り外してみるために、他者の意見を聞いて見直してみるということは、とても重要なことなのです。

個々人が生活世界の感覚というものを広げていって、社会では間主観性をうまく形成していく。そうすることが、この社会の安定性につながっていくのだと思います。

もちろん中には一〇〇％でないと納得しないという人もいます。でも、そこをがまんして、だいたいこのへんが妥当なのではないか、という確率論的な見方をできるのが大人の見方というものです。常にゼロか一〇〇かみたいなことを言っている人というのは、ちょっと人間として青いなという感じがします。

この「およそ」という感覚に耐えられる大人なメンタリティを育てることが、結果的に、差別をしてしまったり、思い込みで決めつけて他者を傷つけたり、自殺したり、絶望したりするのを防ぐ手立てでもあるのです。

## 「重要なのは理性よりも身体である――メルロ＝ポンティの現象学」

生活世界という意識を発展させることで「身体」の重要性を述べたのがメルロ＝ポンティです。

私はメルロ＝ポンティがすごく好きなのですが、それは彼が「身体としてこの世界に住み込んでいる」という、ある意味私と非常に近い思想の持ち主だからです。

フッサールも、身体について語ってはいるのですが、彼の基本は「意識は志向性を持つ」、つまり意識は常に何かについて考えているということなので、どうしても肉体と理性の関係は「理性＞肉体」となってしまいます。

これはデカルトが精神と肉体（物質）を別々に考えた「心身二元論」を唱えて以来の、もっと遡れば古代ギリシャの「理性＞感覚」の図式以来の西洋思想の伝統でした。

しかし、メルロ＝ポンティのように**「身体としてこの世に住み込んでいる」**という考え方を基本とすれば、**意識もまた身体の一部ということになります。つまり、「理性＜身体」**です。

生活世界ということを重視すると、実はこう考えたほうが収まりがいいのです。

なぜなら、人間には体で覚えたものというのがたくさんあるからです。

たとえば、座るとき、イスのほうが落ち着くのか、畳のほうが落ち着くのか、たったそれだけの違いでも身体性は違ってきます。畳に座っている人はイスに座ったときより目線が低くなるので、見える風景というものも違ってきます。そう考えると、その人の生活世界は、イスに座るか畳に座るかで違ってくる、つまり、生活世界というのは、実はその人の身体的な習慣の集積だということになるのです。

いまでもそうかもしれませんが、日本人のお辞儀は外国の人にとっては奇妙な習慣に見えたでしょう。しかし、日本人は長年、お辞儀や正座という身体の習慣の中で暮らしてきました。

こうした生活世界は、意識のあり方を規定するとともに、身体にも規定されています。

侍《さむらい》のように腰に刀を差して歩けば、その時点で歩き方が規定されますし、着物を着て帯を締めれば、それも立ち居振る舞いを規定します。

考えてみると習慣のほとんどが身体で覚えたものです。

メルロ＝ポンティは、オルガン奏者を例にして次のように言います。

演奏家たちの例が、習慣は思考のうちでも客観的な身体のうちでもなく、世界を媒介するものとしての身体のうちに宿ることをもっともよく示している。熟練したオルガン奏者は、じぶんが見たこともなく、いつも使っている楽器とは鍵盤の数もちがい、音管のならびかたすらことなっているようなオルガンでも、弾きこなすことができる。（『知覚の現象学』）

こうした「技術」というものも、実は身体によって支えられているのです。

そう考えると、私たちは意識によって生活世界とつながっていると考えるよりは、身体でつながっていると考えたほうが圧倒的に自然なのです。

私が身体論を基にしていろいろなものを考えようとしたのも、やはり身体というものが習慣や技を身につけ、それが人間の意識を変えているということに気づいたからです。

人は、ちょっと歩き方を変えただけでも、少し姿勢をよくしただけでも気分が変わります。また、料理ができなかった人ができるようになるなど、何かができるようになると、いろいろなものに興味が湧《わ》いたり意欲が出てくるので、世界の見え方が変わってきます。

つまり、私たちは身体が変われば、意識も変化するのです。

## 「身体こそが世界をつくっている」

人間の身体性は文化的なものの蓄積と言えます。

私たちの身体は、もはや単なる生物的な身体ではなくて、文化を背負ってしまっている身体なのです。

かつて日本に近代的軍隊がつくられたとき、兵隊さんたちの立ち方や歩き方を変えるのにものすごく苦労をしたそうです。なぜなら、当時の日本人は、みんな膝《ひざ》が曲がってしまっていたからです。日本は山道が多いうえ、ほとんどが農民だったので、膝を軽く曲げた姿勢が身についてしまっていたのです。

膝の裏を「ひかがみ」と言うのですが、軍隊では「ひかがみを伸ばせ」とずっと言いつづけていないと、みんなすぐに膝が曲がってしまうので「気をつけ」の姿勢ができにくかったそうです。

食べ物の好みなども、幼い頃に身についたものがその人の一生の好みを規定する傾向があります。

関西文化圏の人は、濃い色のうどんや納豆など食べられないと言いますが、静岡おでんで育った私は、薄味のおでんがどうも苦手です。はんぺんが白いと嫌で、「やっぱりはんぺんは黒でしょう」と思ってしまいます。このように小さい頃に培ってしまった好みは変わりにくいのですが、それは食べ物の好みがその人の身体性に組み込まれてしまうからです。家の味や、郷土料理などが何代にもわたって受け継がれていくのも、味覚が身体性によって受け継がれていく文化だからです。

また日本人は、日本人ならではの食生活が作りあげた日本人の腸を持っています。日本人の腸は欧米人の腸より長いので肉食に向かないというのはよく聞く話ですが、同じ東洋人でも食文化の違う韓国人とも腸は違うらしく、日本人がキムチをたくさん食べるのは、必ずしも体にいいわけではないらしいです。

こうした民族が遺伝子を通じて培ってきたものも含めて「身体」だとすると、意識というのは生まれ落ちて、目覚めてからだけなので、身体のほうがより多くの文化や歴史を背負っているということになります。つまり、私たちの身体は、生まれたときからすでに文化的かつ歴史的なものなのです。

私たちの身体は、そこからさらに、いろいろな文化的、歴史的なものを身につけていきます。生まれ落ちた家々の習慣や、地域の習慣、個人的にもピアノを習ったり水泳を習ったりします。表情や仕草などは意識して身につけるものではありませんが、それも親や周りの人々の仕草や表情を真似ることで身についていくものです。

そう考えると、一人ひとりの人間について現象学的考察をするときに、身体抜きにその人を語れなくなるというのは当たり前のことのような気がしてきませんか？

むしろ、いままでどうして忘れてしまっていたのだろう、身体抜きの精神こそが人間の本質であるなどと、なぜ単純に思えたのだろう、と疑問になるのではないでしょうか。

このように「身体として私たちは生きている」ということが具体的に説得力をもって語られたのがメルロ＝ポンティの『知覚の現象学』という著作だったのです。

# chapter 9 それは「科学」か？「思想」か？

ダーウィン「進化論」、フロイト「精神分析」、マルクス「資本論」

## 「進化論」による神からの脱却

完成されたある一つのものに回帰していくのが東洋的な流れだとすると、西洋は自己否定の論理をどんどん突きつめていくという流れを持っています。

西洋世界の特徴は「どうにも止まらない」ということだとお話ししましたが、この自己否定の流れもまた、どうにも止まらない力強さを持っています。それはちょうど大量のエネルギーを取り入れて、また大量に吐き出しながらガンガン進んでいく蒸気機関車のようなイメージです。

こうした自己否定力を最大限に活かして発展したのが科学の分野でした。近代科学はあらゆる分野で新発見を生み出し、単に「科学」の領域にとどまらず、「思想」といってもよいほどの強い影響力を持つようになりました。

たとえば、**ダーウィン**（１８０９～82年）の進化論もそうしたものの一つです。

ダーウィンは必ずしもキリスト教の「神が人間を創った」という教えを否定しようとしていたわけではありません。ただ、「人間はサルから進化した」と言ってしまったために心ならずもキリスト教の教えを否定することになり、聖書の記述を絶対的なものだとする原理主義者の強い反発を受けることになってしまいました。この反発は、現在でもアメリカのいくつかの州では進化論を否定しているところがあるほど根強いものです。

ダーウィンはキリスト教自体を否定しようとしていたわけではありませんが、彼の進化論が、それまでの西洋を支配していた人間中心主義とか意識中心主義といった「理性」を中心に据えた思想から、キリスト教からの脱却を経てその外へ行こうとする流れの中で生まれたものであることは事実です。

**ダーウィンの進化論は、人間と神との特別な関係を打ち壊してしまいました。**

人間は人間として特別に神に創られたのではなく、他の生物とおなじように「進化」の流れの中でサルから成り上がってきたものだということになったからです。

たとえるなら、それまで高貴な存在だと思われていた人が、実は必死になって成り上がってきた庶民にすぎないとわかってしまった、という感じでしょうか。

人間は神が創造した中でも特別なものなのだという思い込みでここまで頑張ってきたのですから、いきなり冷や水を浴びせかけられたようなものです。でも、自分たちが作りあげてきた思想に、自分で冷や水を浴びせかけるようなことをしてしまうこと自体が、また西洋の強さでもあるわけです。

ダーウィンの考え方は、状況変化に適応できたものが生き残れる、というシンプルなものです。ですから、体が大きいとか小さいとか、力が強いとか弱いとか、そういうことが大切なのではなく、適応力がどれだけあるか、ということが重要になってきます。

ダーウィンは遺伝子という言葉は使っていませんが、要は、適応力のある遺伝子、あるいはその環境に最も適した遺伝子を持つ個体が生き残ることで生物は進化してきたということです。これを「適者生存」と言います。

ゴキブリなどは太古の化石などを見ると、ほとんど変わっていないように見えますが、それでもたぶん、環境に適したものが生き残ることで見た目はほとんど同じでも、内容的には進化していると考えられます。

実際、最近のゴキブリは昔より殺虫剤に強くなっているような気がします。何しろどんどんより強力な殺虫剤が作られているのに、一向に絶滅する気配すらありません。もしかしたらゴキブリは、殺虫剤に対して強い個体が生き残ることで、殺虫剤に強くなるという形の進化を遂げているのかもしれません。

最初の殺虫剤に強いゴキブリは、一〇〇匹のうちの一匹というような突然変異かもしれませんが、その個体が生き残り、他のゴキブリが死ぬことで、次の世代は、生き残った殺虫剤に強いゴキブリの遺伝子を持ったゴキブリの割合がぐっと増えます。そして、こうしたことが何度も繰り返されることで、ゴキブリという生物自体が、ある種の殺虫剤に耐性を獲得していくことになります。

どのような遺伝子を持つものが「適者」となるかは、その生物を取り巻く環境によって違いますが、「進化」というのは、おおむねこうした形で進んできたと言えます。

そして、そういうことが生物界全体で起こっているというのが、ダーウィンの進化論なのです。

## 「なぜダーウィンは進化に気づいたのか」

進化論のポイントは、短いタイムスパンでは見えないものが、ものすごく長い時間を設定することによって見えてくるということです。ダーウィンの進化論が支持された最大の勝因も、この膨大な時間というものを、リアルなものとして人々に感じさせることができたという点にあるのだと思います。

ダーウィンがそうした長いタイムスパンで生物の進化というものをとらえることができたのは、彼がもともと地質学者だったことが大きく影響しています。

地質は、何万年もの時間をかけて積み重なったものなので、そこには化石だけでなく、膨大な時間というものがつまっています。私たち人間の一生は長くても一〇〇年程度しかありません。地質の変化というのは膨大な時間をかけて少しずつ進行するものなので、人間がその目で確認できる変化などごくわずかなものです。

地質学を専門としていたダーウィンには、もともと膨大な時間がなす仕事というのは、人知ではなかなか計り知れないという思いがあったのでしょう。

彼のそうした思いは、ビーグル号で世界中のいろいろな場所で地層を見て回っている中で、ある気づきをもたらしました。

それは、これだけの膨大な時間があれば、生物に生じたほんのわずかな変化でも、積み重なることで全然違う生物になりうるぐらいの変化をもたらすのではないか、ということでした。ですから、ビーグル号というのは、生物の進化にとって「時間」がものすごく大きな要素であることを確信させたという意味で、とても大きな意味を持つものだったのです。

ダーウィンは、進化には二つの大きな要因があると考えました。

一つは、小さな変化が時間の経過とともに積み重なることで、それが主流になっていくというもの。もう一つは、「突然変異」です。

小さな変化を積み重ねるタイプの進化だけだと、たとえば急激な気候変動など、短期間に適応しなければならないような場合に、適応しきれずに絶滅してしまう危険性が大きくなります。

しかし突然変異は、文字通り「突然」、つまり短期間に大きな変化が生じるので、急激な変化にも対応することができます。ですから、たった一匹だけでもいいので、そういう変異体が生まれれば、その遺伝子が受け継がれることで、種として適応していくことができる可能性が高まります。

そんなに都合よく突然変異が生じるなんて、と思われるかもしれませんが、突然変異自体は、実は結構起きています。

遺伝子の突然変異は頻繁に起きており、それが悪い形で現われた場合は「異常」や「奇形」として淘汰《とうた》され、たまたま環境の変化に対応した形で現われた場合、それが「進化」につながっていくというだけのことなので、それほどご都合主義というわけでもないのです。

進化論自体は、科学的な推論であって哲学ではありません。

科学的推論を確証づけるためには科学的な証拠が必要です。進化論の場合は、化石がその証拠となり得るわけです。いまでこそ進化を指し示す化石や遺伝子は数多く見つかっていますが、ダーウィンが進化論を唱えた当時は、そうした証拠がまだほとんど見つかっていないので、あくまでも進化論は推論の一つでしかありませんでした。

そんな仮説にすぎない当初から、ダーウィンの進化論をまとめた『種の起源』という本はベストセラーとなって、西洋の思想世界に多大な影響を与えました。

そういう意味でダーウィンの進化論もまた、力を持った一つの思想と言えるのではないかと私は思っています。

## 「科学である進化論が思想となった理由」

思想の持つ力の強さを決めているのは、影響力です。

どんなに素晴らしい思想でも、誰にも影響を与えることができなければ、その思想は存在していないのと同じです。ですから、その思想が正しい正しくないという問題とは別のところで、思想の力の有無は決まっているのです。

そういう意味で、ダーウィンの進化論はとても大きな力を持った思想だと言えます。

ダーウィンの進化論は、科学的推論であると同時に一個の思想でもあります。

なぜ進化論を思想だと言えるのかと言うと、進化論が、単に生物の進化を説明するだけのものではなく、他の分野や事象を説明する際にも、応用して用いることができるものだからです。

私たちはいま、「進化」という言葉を生物以外の分野でもよく使います。たとえば、「会社としてこれから進化していかなければいけない」といった場合、それは、社会の状況や需要の変化などに応じて、不適切なものは切り捨てて、適応できるものを拡大させることで会社を発展させていこうというニュアンスになるのですが、そうしたことまでいちいち説明しなくても、「進化」という言葉を使ったときに、みんながそういうことだと共通の認識を持つことができます。

つまり、すでに「進化（エボリューション）」という言葉が、会社とか個人とか集団とか、あらゆる分野で使えるワードになっているということです。

もちろん、最初からそうだったわけではありません。

日本にダーウィンの進化論が初めて入ってきたときには、誰も「進化」という言葉を知りませんでした。それが、自然科学の分野からスタートし、次第に広がっていき、やがて自然科学とは縁のない人たちの間でも「進化論って知ってる？」「進化っていうのはさぁ」といった感じで盛り上がりを見せるようになり、言葉として一般化していったのです。

実は、思想が影響力を持つ過程においては、このように言葉として流行するということが、すごく大事なことなのです。

なぜなら「進化って、こういうことらしいよ」という説明がなされるときに、もちろんサルから人間にというもともとの解説もなされるのですが、それ以上に、適者生存的なものとか、突然変異とか、そういういくつかのワードが口の端に上り、そうしたワードを含めた概念としての「進化」という言葉が、人々の意識の中に組み込まれていくからです。

言葉は概念として浸透することで、世界を説明する体系となり、それをさらにアレンジすることでいろいろな分野に応用できるということがわかってくると、その言葉を使うこと自体がおもしろくなっていきます。ましてやそれが新しい言葉であれば、使うこと自体がカッコイイということにもなります。

すごいらしいのだけれど、難しすぎて使えないものよりは、そこそこでも使えるもののほうが流行るのは、そこに言葉を使うことの楽しみがあるからなのです。

そういう意味では、ダーウィンの進化論というのは、生物学という狭い学問領域を越えた思想としての力が強かったので、人々の思考の枠組みにまで入り込むことになったのだと思います。

ダーウィンの進化論と同じような状態にあるものに、精神分析学者**フロイト**（1856～1939年）の「無意識」があります。

フロイトの著書を読んだことがあるという人は、必ずしも多くありません。私の周りの大学生に聞いた感じでは、五％以下といったところでしょう。フロイトの『精神分析入門』などはかなり読みやすい本で文庫本にもなっているのですが、それでもなかなか手が出ないというのが正直なところのようです。

実は、多くの人がフロイトの本に手を出さない理由の一つに、読まなくてもなんとなく内容がわかってしまっている、ということがあります。

つまり、あまりにも有名で、いろいろな人がいろいろなところでフロイトの概念を解説しているので、きちんとした形では読んだことがなくても、大まかな内容がわかってしまい、そこに使われている用語も「進化」と同じように、日常的に使える言葉になってしまっているので、いまさら原典を読む気にならない、というわけです。

たとえば、精神医学の用語の一つに「コンプレックス」という言葉があります。この言葉のもともとの意味は「心理的な複合体」というものなのですが、私たち日本人は、主に「劣等感」という意味の言葉として日常的に使っています。

フロイトの本を読むと、もちろん劣等感という意味で使われることもあるのですが（劣等複合／inferiority complex）、他にも「エディプス・コンプレックス（息子が父親に感じる対抗心）」や「エレクトラ・コンプレックス（娘の母親に対する対抗心）」など、いろいろなコンプレックスがあることがわかります。

このいろいろあるコンプレックスの中から、日本人はなぜか劣等感コンプレックスに「コンプレックス」の意味を局限化してしまったわけですが、おそらくこれは、日本人が自信を持ちにくいメンタリティの持ち主だったからではないかと思います。

このように、一度、思考の枠組みに入った言葉は、改めて解説しなくても、その概念は共有されていきます。だからこそ私たちは、改めて学ばなくても「進化」や「無意識」という言葉を生活の中で使うことができているのです。

そういう意味では、「ダーウィンの進化論を知っている」ということにも二つの段階があると言えます。一つは、生物の進化という意味で「ああ、あの人間はサルから進化してきたっていうヤツでしょ」というレベル、これがレベルAだとすると、もう一つのレベルBは、そうした進化論の概念が自然に身についてしまっていて、進化論を他のいろいろな分野で応用して使うことができるレベルです。

このレベルBまでいくと、思想と言えます。

日本においては、進化論も無意識も、すでに完全なレベルBです。

その証拠に、小学生ぐらいではダーウィンやフロイトを知らない人もいますが、大人はなぜかみんな知っています。聞いてみると、ダーウィンの本は読んでいないので、たぶん学校で習ったのだと思うけれど、いつ学校で習ったのかはもう覚えていない、フロイトもどこかで知ったのだと思うけれどはっきりしない、でも言葉も意味も知っているし、使っているという人がほとんどです。

それこそが思想の強さなのです。

## 「フロイトが掘り起こした「無意識」のパワー」

フロイトと言えば「無意識」と言う人が多いのですが、実は、「無意識」という言葉自体はフロイトの発見ではありません。フロイト以前から精神医学の世界ではいろいろな人が適当に使っていました。

では、なぜフロイトと言うと「無意識」となるのかと言うと、**フロイトが無意識の世界がどのように人間に影響しているのかということに対し、かつてない説得力を持ったモデ**

**ルを作ってしまった**からです。

フロイトのもともとの研究テーマは「ヒステリー」でした。

なぜヒステリーを起こすのか、それを説明するために構築したのが、彼の無意識世界のモデルでした。

ここでカギとなっているのは「抑圧」のイメージです。つまり、抑圧された欲望が、抑えきれなくなって飛びだしてしまうこと、それがヒステリーだとフロイトは言うのです。

これはフロイトが生きた十九世紀が、科学や機械のイメージでいろいろなものを見るという時代だったことが強く影響しているのだと思いますが、彼にとってのヒステリーは、ちょうど機械でものを押し込んだときに、弱いところからピュッと中身が飛びだしてきてしまうようなイメージだったのだと思います。

人は皆、心の中にさまざまな欲望を持っています。

中でも、男の人なら女性と、女の人なら男性とつきあいたいという性的欲求は根源的なものなので誰もが心当たりがあるものです。

ですから、意識的には「男なんて嫌い」とか、「女なんて必要ない」というように思い込んでいる人でも、いや、そう思い込んでいればいるほど、それが欲望を抑えこむことになるので、あるときその抑圧に耐えきれなくなって、欲望が吹きだしてしまう、それがヒステリーの発作だと説明されると、なんだが、自分の心の奥底を見せられたような気がして、「ああ、私が苦しんでいたのはこれだったのか」と妙に納得してしまうのです。

実はフロイトの説明にはかなり強引なところもあるのですが、基本的に「抑圧」というものをキーワードにして、人間の心の中にはさまざまなコンプレックスが形成されており、それが抑圧として働くから、ヒステリーになってしまうのだという説明がなされます。

たとえば、ずっとまじめだった人が、中年を過ぎて女遊びを覚えると手がつけられなくなるという話がよくあります。フロイト的に言えば、欲望を抑圧していた時間が長かったからこそ、一度吹きだした欲望がどうにも止まらなくなってしまうということなのです。

## 「夢が裏づけたフロイト理論の説得力」

フロイトは、いろいろな症例を見ているうちに、心の奥底で性的なものを抑え込んでいるからヒステリーを起こすんだ、と感じるようになります。

でも当時は、性的なことはキリスト教の影響の残滓《ざんし》もあり、まだ蔑視《べっし》される分野だったので、大っぴらに、「あなたは本当はセックスをしたいと思っているのに、できないからイライラしているんですよ」とは、とても言えません。

そこで登場するのが、抑圧は「夢に現われる」という考え方でした。

フロイト的な夢解釈では、たとえば、夢の中にヘビが出てきたらペニスを意味しているのだとか、穴が出てきたらヴァギナを意味しているというように、いろいろなものがセクシャルなものの象徴だとされています。

まあ、夢が無意識界の発露だというのは、わからないわけではありません。

日本でも『万葉集』などを見ると、当時の人たちが、好きな人が夢に現われるのはその人が自分を思っているからだと信じていたことがわかります。フロイトの解釈は万葉の人々とは逆で、自分が欲しているものが夢に現われるというものですが、夢が人の思いに通じているという点は共通しています。

夢にまで見るということは、普段、意識の上で抑圧していたものが、意識の抑圧力が緩んだためにフワフワと浮上してきたということなのです。

性的な抑圧があるときに、直接的に性的な夢を見ることもありますが、夢というのはもともとイメージが優先されるものなので、どちらかと言うと、その性的な欲望が他のものに置き換えられて出てくることのほうが多いとフロイトは言います。

このように説明されると、なんだかもっともな気がしてきます。そして、「じゃあ夢を分析してみよう」ということになっていくのです。

私も以前、自分の夢に興味を持って、見た夢を記録していたことがあります。目が覚めて少したつと見た夢を忘れてしまうので、枕元にノートを置いておいて、まどろんでいるうちに内容を書きとめるのですが、いろいろとおもしろいことがわかりました。

たとえば、夢を書きとめるようになって初めてわかったのですが、同じ夢を何度も見ていたのです。私の場合、それは真っ黒い顔の男たちにひたすら追いかけられるという夢なのですが、それがいくら殴り倒してもしつこく追いかけてきたり、水の中を走って逃げなければならなかったり、とにかくもどかしい思いをする夢なのです。

あまりにも何回も見るので、もしかしたらうまくすれば飛んで逃げられるのではないかと思った私は、夢の中で飛ぶことを意識してみました。すると、見事に飛ぶことができるようになったのです。あまりにもおもしろいので、それからしばらくは好んで飛ぶ夢を見ていました。

ですから、夢というのは無意識だけでなく、意識の作用も受けていると言えるのだと思います。

他にも、長い釣り竿を持って釣りに行くという夢もよく見ました。しかも、何を釣りに行くのかと人に聞かれて、夢の中の私は「雪男を釣りに行かなきゃいけないんだけど、崖から雪男を釣るのは結構大変なんだ」とか答えているのです。

私は別に釣りが好きなわけでも、雪男に特別な興味を持っているわけでもありません。ですからなぜそんな夢を見るのか不思議でした。まさか雪男は美女の象徴ですなんてこともないだろうと思って置き換えていった結果、雪男は、当時まだ二〇代で野望を持ちながらその表現手段を持っていない私が、何か「巨大なもの」を引きずりだして世に出したいと思っていたからなのではないかと思い至りました。

このように夢を分析、解釈しているうちに、私も自分の心がわかって少し気が楽になった部分があったので、フロイトの夢解釈も人の心を落ち着かせる効果があったことは確かだと思います。

一種の占いのようなものとも言えますが、フロイトの夢分析は、その人個人の幼児期の体験のようなところに根本を持っていくので、より説得力が感じられます。

## 「性的欲動がすべてを動かす」

フロイトが言うように、幼児期の強烈な体験がトラウマ（心的外傷）になって、その人のその後の人生にいろいろな形で作用するというのは確かにあることです。

近年問題になっている幼児虐待なども、虐待されて育った子どもが親になったときに子どもを虐待してしまうという悲しい負の連鎖が、かなり高い確率で起きることが知られています。専門家によると、トラウマになるような体験は、受けた時期が幼ければ幼いほど、意識の層が薄いので、無意識の深いところにまで入り込んでしまい、虐待なども繰り返してしまう危険性が高いと言います。

このように無意識へ書きこまれるのは、もちろんトラウマのような負のものばかりではありません。

たとえば性的な嗜好《しこう》も、子どもの頃に強烈なインパクトを持つ偏《かたよ》った性表現に触れてしまうと、それが無意識にドッと入り込んでしまい、その人の嗜好を決めてしまうこともあるのです。

性的なものだとそれが快感と結びつくので割と説明しやすいのですが、要は、性的な刺激が脳に快感物質を出させ、それを何度も反復しているうちに、その反応が強化され習慣化してしまうのです。さらに、フロイトによれば、人間はとても保守的で安定性を求めるものなので、反復強化によって習慣化したものは、さらに好きになって求めたくなるのだと言います。

さらに、フロイトのすごいところは、そうした**性的欲動の影響が、夢や精神病だけでなく文化や芸術の領域にまで及んでいる**ことを指摘したことです。

---

精神分析の結論の一つである第二の命題は、広義にせよ狭義にせよ、性的なものと呼ぶよりほかはない欲動興奮が、神経と精神の病気の原因として、これまでは正しく評価されなかった大きな役割を果しているという主張なのです。いや、それどころか精神分析は、この性的な欲動興奮は、人間精神の最高の文化的・芸術的なら

---

びに社会的創造に対して、軽視することのできない大きな寄与をなしてきたと主張するのです。（『精神分析入門』高橋義孝、下坂幸三訳・新潮文庫）

エネルギー（リビドー）を文化へと変換していく。これが「昇華《しょうか》」です。

フロイトは考えを推し進めすぎて、やがて人は死の衝動「タナトス」を求めている、つまり、人は死にたがっているのだ、というところまでいってしまいます。

フロイトのスタート地点は「人は生きたがっている」というものでした。だからこそ生殖的な活動であるエロスと結びつけたのですが、考察を進めているうちに、エロスが本人の生命維持ではなく、次の世代に命を継承させるために自分という個体を死なせる行動なのではないかと考えるようになっていきます。

まるでカマキリのオスを思わせるような話ですが、簡単に言えば、自分の個体の死よりも種の保存のほうを重んじるのが性衝動だということです。

カマキリのオスは、性交中にメスに食べられてしまうことがあります。しかも、食べられながらも性交を続けるというのですから、あわれみを感じさせます。いずれにしても、自分の死よりも種の存続を重んじているように見えます。

フロイトがカマキリを見てそう思ったのかどうかはわかりませんが、性的な衝動というのが、もし生命連鎖に組み込まれた衝動だとすると、個が死んでも遺伝子が残れば満足というプログラムが、どこかに埋め込まれているのかもしれません。そうだとすればフロイトのタナトスを求めているという説もあり得るのかもしれませんが、何もかも性的な問題で説いてしまうのは、やはり行きすぎだと思います。

フロイトの理論というのは、確かに十九世紀の頃のように、社会全体が性的なものをすごく抑圧している社会にはフィットするものだと思います。でも、現代社会では当時ほど性的抑圧そのものがそれほど大きくないので、「そうかなぁ」と思ってしまう人も多いのではないかと思います。

また、エディプス・コンプレックスのようなものも、日本人にはいま一つピンとこない概念と言えます。

エディプス・コンプレックスというのは、男の子の父親に対する対抗心のことで、男の子というのは父親を無意識的に殺して母親と関係を持ちたいと思っているというものですが、日本人には、フロイトが言っているほどは強く現われないのです。

なぜなら、日本人の男の子は、すでに母親を独占しているからです。欧米では、子どもは小さいときから子ども部屋で一人で寝ます。でも日本では、母親は子どもと一緒に寝るのが当たり前だと考えているので、父親のほうが別の部屋に移るというのが一般的です。しかも、こうした母子密着傾向は、子どものほうが「もういいよ」と言うまで続きます。母親のほうから息子を手放すことは少ないので、父親に対する対抗心を燃やす必要が最初からない、というわけです。日本人にエディプス・コンプレックスがないわけではないと思いますが、そうした抑圧が生まれる状況が少ないと言うことはできると思います。

ですから、文化の違いや生活習慣の違いによって、フロイト的概念は通用しない部分もあるのでしょうが、それでも「無意識」というものが人間の行動を縛っているのだと指摘したことは非常に大きなことです。

私たちは、「コンプレックス」や「無意識」や「抑圧」といったフロイト的な言葉を日常的に使っているのですから、それはフロイトの思想としての力強さです。

思想というのは、それが絶対的な真理であるかどうかということが重要なわけではないのです。それが、ものの見方を変えて、その見方が支持されて世の中に受け入れられればそれはもう立派な思想なのです。

## 「関係」にこそ意味がある――マルクス

ヘーゲルの弁証法や歴史観を受け継いで、それを独自に発展させたのが、マルクスでした。

マルクスは、人間の歴史の発展段階は、経済に現われると考えます。それは具体的には、階級闘争であり、生産力と生産関係のことを指します。つまりマルクスは、**経済こそが人間を縛っている**と言うのです。

近代以降の思想には、一言で言えば「実体主義から関係主義へ」という大きな流れがありますが、マルクスは、いち早く関係主義的な視点で社会構造を説いているので、こうした潮流を作りだした一人だと言えます。

要は、社会における〝価値〟というものがどこにあるのかが変化してきたということです。

実体主義では、価値は概念やモノそのものにあると考えますが、関係主義では、価値は概念やモノそのものにあるのではなく、その概念やモノが持つ関係にこそ価値があると考

ルビンの壺

えます。

関係主義を説明するのによく用いられる例が、一個一個の音とメロディではどちらに価値があるのか、という話です。

メロディは調が変わって、個々の音の高さが変わっても、同じメロディとして聴こえます。ということは、音楽の価値を決めているのは、「ド」「レ」「ミ」という「音そのもの（実体）」ではなく、音をどのような「関係」で配するのかというメロディだということになります。

このように、関係にこそ意味や価値がある、と考えるのが関係論です。

「ルビンの壺」と呼ばれる人の顔にも壺にも見えるだまし絵（上図）のように、同じ絵が顔に見えたり壺に見えたりするのは、絵という実体が主なのではなく、見た人がその絵から見いだす関係が主だからなのだ、と言われるとそんな気がしてきます。

私が大学に入った頃は、ちょうどこの関係論がすごく流行していた時期で、何でもかんでも関係論で語られていました。

マルクスの著書に『フォイエルバッハに関するテーゼ』というものがあるのですが、これを読むと、関係論というものを、彼がかなり先取りしていたことがわかります。

マルクスはこの本の中で、「人間的本質は、その現実態においては、社会的諸関係の総体である」と語っています。つまり、人間というのは個人ではなくて、いろいろな社会的な関係が集まったものだということです。

マルクスは、社会の歴史は、階級闘争の歴史であると言い、階級闘争という視点から社会を見ることで、資本家と労働者という「関係」を見いだし、資本家と労働者の関係が、社会の上層と下層という関係にいろいろな形で影響を与えていることを解き明かします。

こうしたマルクスの指摘は、現在のわれわれの社会にも当てはまります。

この視点のポイントは、経済状態のありようが、その人の主義主張を作りだしている、ごく簡単に言えば、自分にお金があるかないかで、人の意見はものすごく変わる、という点です。

たとえば「革命」に対して、お金がないときには、人は何となく革命が起こればいいと思うけれど、お金を持っていると、このままでいいじゃないか、むしろ革命など起こらないでほしいと思ってしまう。

少々身も蓋もない感じがする話ですが、確かに人間にはそういう部分があるので、マルクスの言うことには説得力があります。

当時はまだ経済的な関係で社会を読み解くという視点がなかったので、学生たちはマルクスを読むことで「なるほど、人間にとって経済というものは、ものすごく大きな影響を与える大事なものだったのだ」と、目を開かされたような衝撃を受けたのです。

こうしたマルクスの考え方をさらに発展させたのが、フランスの社会学者**ブルデュー**（1930〜2002年）という人でした。彼は『ディスタンクシオン』という本の中で、人は属する社会階級によって音楽の趣味なども違ったものになるということを、きちんとした統計を取ったうえで述べています。

彼によれば、バッハの「平均律クラヴィーア集」みたいなものを好む層というのは収入の高い層で、収入の低い層はクラシックよりもポップスのようなものを好む傾向が強いと言います。

どんな音楽を好んで聴くか、どんな食べ物を好むかといった、いわゆる個人的なものだと考えられがちな「嗜好」というものも、実は社会階級、階層というものに左右されていると言われれば「確かに」と納得してしまいます。

実際、趣味は楽器演奏ですという場合でも、エレキギター弾いていますと言う人よりも、バイオリンを弾いていますと言う人のほうが、いいところのお坊ちゃん、お嬢ちゃんという印象をなんとなく受けます。

こうしたことがわかってくると、自分がどういう社会的関係を持っているのか、どういう階層に属しているのかということによって、社会の見え方が大きく変わってくることがわかります。

ですからマルクスが行なったことというのは、フロイトが性的な無意識を精神の下部構造に置くことで個人を語ったのに対して、経済的な問題を社会の下部構造とすることで、社会と人間の関係を語ったとも言えるのです。

つまりフロイトとマルクスによって、人間の下部構造にあるのも、社会の下部構造にあるのも、結局は「性とお金（経済）」という人間の欲望を満たすものであることが明らかにされた、ということです。

そして、こうした欲望は、誰もが持っている非常にわかりやすいものだったので、「これはリアルだ」という実感とともに、広く世界に広まっていったのです。

## 「マルクス主義は「科学」か？「思想」か？」

このようなマルクスの考え方は、多くの人に受け入れられ、「マルクス主義」として巨大化していきます。

カール・マルクス自身は、自分の考えは科学的な理論であるという形をとるのですが、広まるにつれてそれは「思想」になっていきます。

前にも述べたカール・ポパーの定義では、科学は「反証可能性」があるものだと言います。反証可能性というのは、ごく簡単に言えば、実験や観測によってその説が間違っていることが証明されるかもしれないもの、ということです。

ですから科学の世界では、誰かによって反証を挙げられたら、きちんと引き下がるというルールがあります。審判に「一本」と言われたら、負けを認めて退場しなければならないということです。逆に、証明も何もできなければ、勝負のつけようがありません。

私がマルクス主義は思想だと言うのは、ダーウィンやフロイトのように大きな影響力を持っていたということも理由の一つですが、それ以上に大きいのが、反証を挙げられても決して認めようとしないふてぶてしさを持っていることです。

マルクス主義には、「一本」と負けているのに、「俺、全然負けていないし」みたいな感じで反則行為に出るプロレスラーを彷彿《ほうふつ》とさせるものがあります。アマレスだったら、フォールを一本とられたら負けを認めて、礼をして帰りますが、プロレスでは、そこで帰るふりをして、イスを持ってきて後ろから殴ったりするのもありです。

そうした「何でもあり」の感じがフロイトやマルクスの考え方にはあります。

マルクス主義となると、それがいよいよひどくなるように感じます。

学生時代にマルクス主義の人と議論をしたことのある人はわかると思いますが、彼らと話をすると、とにかく話が長くなります。何を言っても納得しないうえ、マルクス主義には社会に対する理想主義が入り込んでいるので、「じゃあ、お前は平等な社会がいいと思わないのか」みたいに言われてしまうからです。しかも、理論の後ろに理想があるのはいいのですが、彼らはそれで人を圧倒してくるようなところがあります。

ソビエトは、マルクス主義を徹底することで理想国家ができると言っていたわけですが、実際には極端な権力の集中が起こり、むしろ官僚主義が独裁へと転じてしまい、崩壊への道をたどりました。

実際、反証可能性と言えばこれほどの反証可能性はないはずです。

とはいえ、マルクス主義にも社会貢献となった部分は多くあります。

それは、労働者の権利を高めたということです。いまはリストラと言って簡単に労働者を解雇することができますが、マルクス主義運動が盛んなときは、簡単に解雇することはできませんでした。

マルクス主義全盛の時代には、労働者の権利について社会全体が非常に敏感に反応し、守っていました。しかしそれも九〇年代初頭にバブルが崩壊するのとともになし崩し的になくなってしまいました。

そういう意味では、マルクス主義にも労働者の権利を拡大して、資本家に対抗できるようにしていったという、よい面もあったと言えるでしょう。

## 「資本」はお金のことだけではない

経済が下部構造で精神的なものが上部構造なので、経済のほうが優先するというマルクスの思想は、社会は資本主義経済の発展と成熟を経て、階級闘争の激化ののち、最終的には革命が起こり共産主義社会が結実するというマルクスの歴史観にも反映されています。

マルクスは当初、「資本」を経済的なものとしてとらえています。

でも、**実際の「資本」はお金や商品、財産といったものだけではありません**。ある種の階層に属するということ自体が、すでに資本だと言えます。

たとえば、社会学者のノルベルト・エリアスは『文明化の過程』という本の中で、文明化されるということはマナーが進化していくということだと言っています。これは、貴族的な習慣や文化は下に下りていき、やがて大衆化するというプロセスがあることを説いたものです。文化的上流に近い人、つまり上層の人間ほど文明化しており、ポジション的に優位に立っているのです。

ブルデューの挙げている例で言えば、パリで仕事の面接を受けるような場合、田舎育ちの子どもより、パリで生まれ育った子どものほうが、自然にリラックスしていられるので、面接に受かりやすいということです。

単純化すれば「コネ」というのもその一つでしょうが、その階層に属しているということ自体が、お金ではないのですが、すでにして立派な資本なのです。

ブルデューはこれを「社会資本」と呼んでいます。そう考えると、人はどの階層に生まれたかによって、スタート地点で持っている社会資本が違うということになります。

そうすると、人間にはスタート地点は平等であるべきだという理想があるので、そこにどうしても不公平感が生じます。

いわゆる「左翼」的考え方では、こうしたことに関して「平等」を求めるわけですが、その際に、結果の平等を求めるあまり「競争」自体にも反対するのです。

私は、競争というものを肯定したうえで、機会の平等を確保するということにしないとバランスが取れないと思うのですが、彼らは競争を肯定すると資本主義的な論理になってしまうのでダメだと言うのです。

資本主義というのは社会における強烈な進化論のようなもので、競争によって優れたもの、強いものが生き残ることで質が向上していくことを是とするのですが、マルクス主義はそうした競争の原理自体を認めません。

そして、日本の場合はアカデミズムの世界、それも特に教育の世界にそうした考えの持ち主が多く集まったことから、いまも教育の世界にマルクス主義的なにおいが残っているように感じます。

現代の日本人の多くは、マルクス主義をあまり自分たちと関係のない思想だと思っているかもしれませんが、実はそういう意味では大きな影響をいまだに私たちに与えつづけているとも言えます。

マルクス主義者は、格差というものをなくしていこうという、ある種、理想に燃えた人たちであることは間違いありません。手段はともかく、その理想自体は、まったく否定できるものではありません。

また、身分の区別などがなくても、経済による〝階級〟が社会を縛っているのだというマルクスの指摘は、現代においても考えていかなければならない問題です。

マルクスの考え方をとらえなおすことで、科学と思想との間は紙一重であり、両者が混同されると、とてつもない威力を持って暴走してしまう危険性があることを知っておくことは、現代を考えるうえでも重要だと思います。

# chapter 10 それ自体に意味なんてない。あるのは「差異」だけ？

## ソシュールとレヴィ＝ストロースから始まった構造主義の破壊力

### 「言葉そのものに〝意味〟はない――ソシュールの言語学」

日本では、マルクスの解説書というのはものすごくたくさんあるのですが、ソシュールについての著書は極端に少なく、少し前までソシュールなんて名前も聞いたことがないという人がほとんどでした。

そんな状態を変えたのが、丸山圭三郎《まるやまけいざぶろう》（1933～93年）氏の『ソシュールの思想』という本でした。これは一九八一年に岩波書店から出されたものですが、とてもいい本で、ソシュールというのはこういう考え方をした人だったのか、ということを、この本によって多くの日本人が知ることになりました。

フェルディナン・ド・ソシュールは、十九世紀後半のスイスの言語学者で、「近代言語学の父」とも呼ばれる大家なのですが、そういう事情もあって、日本ではわりと最近になって取り上げられるようになった人です。

彼が言っているのは、ごく簡単に言えば、言語というのは「差異」の体系である、ということです。私たち人間の使う言語においては、**言葉そのものが意味を持っているのではなく、差異、つまりある言葉と他の言葉との違いが作りだす体系が意味を生む**というのです。

このことは、貨幣を例にとってみるとわかりやすいでしょう。私たちは、モノとしての一万円札という紙切れ自体に一万円の価値があるとは思っていません。日本国内では一万円札という紙切れが「一万円分の商品と交換される」という約束があるからこそ、そこに価値が発生するのです。

ソシュールはチェスの例も出しています。

チェスゲームと言語を比較してみることは無駄であるまい。それぞれの駒の価値は、その駒の固有の価値というよりは、むしろ諸条件の錯綜体としての総体であるところの、一つの体系から生れる。(『一般言語学講義原資料』――丸山圭三郎『ソシュールを読む』岩波書店より)

チェスや将棋の駒が何の素材でできているかとか、多少の形のアレンジがされているといったことは、ゲームにとって何の影響も与えません。

一方、同じ将棋の駒を使っていても、駒の動き方のルールを変えれば、それは将棋ではないまったく別のゲームになってしまいます。この例では、駒が言葉（単語）、ルールが言語体系と考えることができます。

さらにソシュールは、言語体系が違うということは、単に言葉の意味が違うというだけではなく、世界を見るときのものの見方が違うということだと言います。

イヌイットの人たちは雪や氷について多くの言葉を持っています。

持っている言葉の数が違うということは、言語体系が違うということです。そうした言語体系の違いは、「雪」という言葉の持つ意味を違うものにするだけでなく、それぞれの言語体系を持つ人のものの見方をも変えるとソシュールは言うのです。

ごく簡単に言えば、言語が違えば、たとえそれが同じ風景であったとしても違うということです。

これは言われてみればもっともなことです。

たとえば、日本には「出世魚」というものがあり、「鰤《ぶり》」という魚もその一つですが、大きさによって「ワカシ→イナダ→ワラサ→ブリ」と呼び名が変わっていきます。でも、英語ではどんな大きさの鰤もすべて「イエローテイル／yellowtail」です。

魚の名前にこうした細かい差異があるのは、海に囲まれた島国で、昔から魚をたくさん食べてきた日本人ならではのものです。

そんな日本人にとっての「ブリ」とイギリス人にとっての「yellowtail」は、明らかに意味が違いますし、同じ魚を見たとしても、そこで感じるものは違います。

桜や月も同じことが言えます。

日本人は桜や月が大好きなので、それらを表現する言葉をたくさん持っています。そうした言葉の蓄積を持っている日本人と、言葉の蓄積を持たない外国人とでは、同じ桜や月を見ても、違うことを感じるどころか、目に映っている世界すら、もしかしたらまったく違うものなのかもしれません。

つまり、言葉が違うということは、その言葉の体系が違うということなので、意味が違うのは当然ですが、たとえ同じ言葉でもその言葉が属す差異の体系が異なれば、やはり言葉の意味は違ってくるということです。

そして、**言葉の体系が違うということは、その言葉を使っている人たちの社会構造や文化が違うということなので、ものの見方や世界のとらえ方までもが違ってくる**というのです。

ここからわかることは、言葉の持つ意味を決めているのは、言葉そのものではなく、その言葉の属する体系だということです。このことをソシュールは、「言葉は恣意《しい》的な体系だ」という表現をしています。

ある動物を見たとき、日本人はそれを「イヌ」と名づけ、イギリス人は「ドッグ(dog)」と名づけました。同じ動物なのに言葉が違うということは、そこに必然性はないということです。もしも必然性があれば、イヌは世界中どこへ行っても「イヌ」と呼ばれているはずです。

つまり言葉は、一つの言葉が一つの意味を持つという一対一対応のものではない。日本ではたまたまその動物を表わす言葉に「犬・イヌ」という字と音を使い、イギリスでは「dog・ドッグ」という字と音を使ったというだけのことなのです。

ですからソシュールは、「言葉の意味と音との結びつきなんて、けっこういい加減というか、テキトーなもので、そのいい加減な言葉の体系がわれわれの使っている言葉の正体なんだ」ということで「恣意的」と言ったのです。

しかし、言葉はそれがどんなに恣意的なものだとしても、私たちの心の中に入り込み、身についてしまっています。つまり、私たち日本人にとっては「日本語」という言語体系が絶対的なものなので、(他言語をしゃべることができないかぎり)日本語に縛られてしまっています。

これをもっと広く考えれば、**私たち人間は「コトバ」の体系に縛られて生きているのだ**、というのがソシュールの発見だったのです。

ソシュールは構造主義の祖と呼ばれますが、それは彼が、このように言語の分野で、言葉そのものよりも、その言葉の属する体系、つまり言葉を規定している構造こそが重要なのだ、ということを明らかにしたからなのです。

ソシュールの思想は、私たちが日頃使っている言葉というものに対する認識を大きく変えるものだったので、とても大きなインパクトを持っていたのですが、それを紹介する人がいなかったために、日本には時代的にはだいぶ遅れて入ってくることになりました。それでも、丸山圭三郎氏の本がよかったせいもありますが、出てきたとたんにそれまで人気だった実存主義を大きく引き離し、構造主義の大ブームを引き起こしました。

私の周りでも、「実存主義はもう完全に構造主義にやられたね」みたいなことがよく聞かれました。とにかく、実存主義VS構造主義というバトルの構図ができあがり、そこでみんなが構造主義を支持するという流れができたのです。

構造主義というのは、ソシュール的な考え方を源流に、いろいろな分野で発展していったものなので、構造主義というのはこういうものであるという明確な定義があるわけではないのですが、大きく見て共通しているのは、目に見える要素に意味があるのではなく、それらを動かしている下部構造、これは原理と言ってもいいと思いますが、そうしたものにこそ意味がある、ということです。

不等号で表わすと**「体系∨要素」**。ごく簡単に言えば、体系のほうが要素よりも優先するという考え方が構造主義なのです。

## 「西洋中心主義からの解放――レヴィ＝ストロース」

このように見ていくと、差異（＝違い）は、「何と比べて違うのか」とか、「それとそれはどう違うのか」というように、ものとものとの「関係性」において生じるものだということがわかります。つまり、差異というのは関係性のことなのです。

この差異というものに着目し、考察を拡大していくと、そこにある体系的なものが見えてきます。言葉におけるそれは、一つひとつの単語に意味を持たせている差異を生みだす関係性が作りだしている「言語体系」でした。

こうしたソシュールの言語構造学から発展した構造主義は、いろいろな分野に広がっていき、それぞれの分野で、目に見える要素の背後で、それを動かしている原理を見いだしていきました。

この**「見えないところでそれを動かしている原理」のようなものは、人間社会全体の背後にもあるんだ**と考えたのが、フランスの文化人類学者**レヴィ＝ストロース**（１９０８〜２００９年）でした。

彼は『親族の基本構造』という著書の中で、インセスト・タブー、つまり近親結婚を未然に防ぐためと思われる結婚のルールが、未開の民族の中にあることを述べています。そのルールは「交叉《こうさ》いとこ婚」というものですが、簡単に言えば、カップルの親同士が異性の兄弟（姉妹）である「交叉いとこ」が結婚相手として望ましいとするものです。

レヴィ＝ストロースがすごいのは、このルールを図と数式で表わしてしまっていることです。そうしたものを見ていると、人間の社会というものまでも、$E=mc^2$ 的な物理の世界で説明できてしまうようなかっこよさを感じます。

レヴィ＝ストロースが『親族の基本構造』を著したのは一九四八年、当時は文化人類学が非常に華やかな時代でした。なぜこれほどまでに文化人類学が流行ったのかというと、文化人類学という学問が、西洋の文化中心主義の外側に位置していたからです。

文化人類学では、それまで西洋が見下していた未開民族のようなところで行なわれている野生の思考のようなものが、実は非常に優れているのだという考えが展開されていきます。そうすると、それまで主流だった、西洋が一番偉い、西洋の文化が一番発達している、西洋こそが本流であるという西洋中心の考え方から解き放たれることになります。

当時の西洋の人々は、自分たちの文明にある種の「行きすぎ」を感じていました。その背景にあったのは、経済的格差の拡大や二度にわたる世界大戦という、社会構造的な諸問題でした。

私たちの文明は進化していたはずなのに、なぜこんなことになってしまったのか、――そんな自己批判の思いが西洋の人々の目を文化人類学に向かわせたのだと思います。

**私たちは、気づかないうちに「西洋」という考え方に縛られているのではないかという恐れと同時に、自分たちのものとは異なる未開の文化の中に、自分たちが失った「健全性」を見いだそうとしていた、**と言ってもいいのではないでしょうか。

だからこそレヴィ＝ストロースが未開の人々を研究し、神話や結婚のルールなどから、彼らの文化の原理を構造のところまで掘り下げ、さらにそれを図や数式で表わしたということには、大きな意味がありました。

それは、まったく別のもののように見える文化の中で見いだされた構造が、数式という普遍的なもので表わすことができるということは、人類の文化の根底には、共通する普遍的なものがあるということを示すものだと言えたからです。

つまり、西洋の人々は、未開の文化を研究し、そこに存在する構造の中から、「人類に共通する普遍的なもの」を見いだすことで、自分たちを含む人類に対する信頼性を回復していく助けとしたのです。

## 「人類はみな同じ？——チョムスキーの「生成文法」とは」

普遍性の発見ということで言うと、領域的にはソシュールとはまた違うのですが、言語の領域でも「生成文法」というものがこの時期に提唱されています。

これを提唱したのは、**ノーム・チョムスキー**（1928年〜）というアメリカの言語学者です。彼は、人間の子どもはどんな言語であっても身につけることができる、という事実に着目しました。

これは、たとえば日本人がフランスに生まれたらフランス語を話すようになるし、スワヒリ語圏に生まれればスワヒリ語を話せるようになる、ということです。

チョムスキーは、人間には「言語の種」のようなものが生まれながらにして備わっており、それによって言葉を身につけることができるのだと考えました。それが「生成文法」と呼ばれる理論であり、その「言語の種」を「普遍文法」と呼びました。

子どもが生まれた土地の言葉を自然と使えるようになるというのは、私たちはすでに数多く体験しているので当たり前のことのように思うかもしれませんが、実はこれは結構すごいことなのです。なぜなら、日本人の遺伝子を持った人がスワヒリ語圏に生まれればスワヒリ語が話せるようになるということは、人間の脳はどんな言葉の文法も理解できる能力を生まれながらにして持っている、ということだからです。

これはすごく偉大な能力です。

イヌや猫は、どんなに賢くても言葉をしゃべるようにはなりません。しゃべれなくても言っていることは理解していると言う人もいますが、実際にはそれもかなり微妙です。

言語というのは言葉の「順番」が重要です。

たとえば、「ザ・キャット・イズ・オン・ザ・ルーフ／The cat is on the roof.（屋根の上に猫がいます）」とか、「ザ・ドッグ・イーツ・ザ・ミート／The dog eats the meat.（犬は肉を食べます）」といった短い文章であっても、単語の並びがバラバラになったら文章は意味をなさなくなってしまいます。ですから、言葉を理解するということは、その言葉ではどのようなルールで単語が並ぶのか、「語順」のルールを理解して使いこなせる、ということなのです。

こうした語順は言語によって違います。

それでも、日本語と韓国語、英語と中国語のように似たルールを持つ言語もあります。これは何が似ているのかというと、どんな言語にもだいたいある「主語」、「動詞」、「目的語」といったものの順番が似ているということです。ですからチョムスキーは、人間にはこうした共通する構造を理解できる能力が備わっているので、どんな言葉も話すことができるようになるのではないか、と考察しています。

そうすると、レヴィ=ストロースの文化人類学的考察が思想となったように、こうした言語学的考察も、一つの思想となって人々に影響を与えていきます。それは、「人間は使っている言語が違っても、共通する普遍的能力を持っている」、つまり使っている言葉に違いがあったとしても、「人間というのはみんな同じなのだ」という思想です。

こうした思想は特に、西洋世界の外側にいる人々を安心させました。

なぜなら、それまでは西洋の文明が進んでいるのは、西洋人の脳が他民族より優れているからだと言われていた中で、「そうじゃない! すべての人に同じ能力が備わっているんだ!」というメッセージとして広がっていったからです。

そういう点では、レヴィ=ストロースやチョムスキーの思想によって、西洋は拡大しつつ自由度も高めていったと言えるでしょう。

こうした思想の波は、いろいろな批判、認識を生みだしていきます。

アメリカの文学者**エドワード・サイード**（1935〜2003年）は、『オリエンタリズム』という著書の中で、西洋人が持っている東洋のイメージは西洋人によってつくられた西洋人にとって都合のいいイメージなのであって本来の東洋とは違う。これを「オリエンタリズム」と言うのだ、という自己批判を展開しました。

また、アメリカの社会学者**イマニュエル・ウォーラステイン**（1930年〜）は世界を一つのフィールドとしてとらえた「世界システム論」を展開し、「中央」繁栄には「周辺」が機能することが重要であることを述べています。

いろいろな人がいろいろな分野でこうしたことをしていくことで、西洋中心の都合のいい世界観が、相対的な方向にどんどん突き進んでいったのです。

これによって、私たち東洋に属する人間も、十分自信を持って世界に参加できるという状況が生まれ、東洋は西洋のものを習うだけの存在ではなく、自分たちの文化からもいろいろなものを発信していく、そんな勇気づけられる状況になったのです。

## 「関数」で理解できる構造主義

構造主義は、このようにいろいろな分野で展開されていったので、こういうものが構造主義であるという共通する明確な定義があるわけではありません。

では、構造主義とはどのような思想なのでしょう。

構造主義の源流レヴィ=ストロースは、「構造とは要素と要素間の関係からなる全体であって、この関係は一連の変形過程を通じて普遍の特性を保持する」という言い方をしています。

これは、たとえるなら、一人ひとりの顔は、眉毛、目、鼻、口といったパーツ(要素)がどのような位置関係にあるかで決まる。そうした個々の顔は、一つひとつは違うのだけど、それらは「顔」であるということでは共通している、ということです。

確かに私たちの顔は、目が大きいとか、唇が薄いとか、一つひとつのパーツの特徴も大切なのですが、それ以上にそれらがどの位置に配されているか、全体としてのバランスが大きな役割を果たしています。

実際、最近の警察は、犯人の顔の特定にモンタージュ写真よりも似顔絵を重視するそうです。パーツを見るのではなく、目と鼻の距離とか、耳と目の位置関係など、音楽を音ではなくメロディで把握するように、顔をパーツではなく全体の位置関係で把握しているのです。

そう言われてみると、絵画なども私たちは全体として把握しています。色と色との関係は、たとえば同じ赤い花でも、背景の色が黄色なのか緑なのかで見え方が違ってくるので、どのような配色がされているのか、その組み合わせが大きな意味を持つことになります。ですから、絵画というのはその全体が差異の体系だと言えます。

構造主義の流行によって、「構造主義は実体主義を越えた」ということがよく言われるのですが、これも絵画を例にとるとよくわかります。

実体というのはこの場合は、絵に使われている一つひとつの「色そのもの」です。そして、構造とは、その「色の差異の体系」ということだからです。

つまり、一定の実体よりも、全体としての組み合わせのほうが重要なのではないですか、というのが構造主義の主張だということです。顔で言えば、目が大きいということも美人の要因ではあるけれど、それよりも、目鼻の位置など全体のバランスが整っていることのほうが美人の要因としては重要なんじゃないの、ということです。

そういう意味では、構造主義を理解するうえにおいて、私は「変換」とか「関数」という言葉を用いるのがいいのではないかと思っています。

関数は、数式で表わすと「y=f(x)」です。ここで大事なのは、fという、変換するときのルールです。

関数ではxに何が入ったとしても、fという作用を引き起こし、その結果としてのyを導きだします。ですからfというのは、xに何を入れてもこうなるという関係の仕方と言えます。大事なのはxという要素ではなくfという変換だという考えです。

私は数学の中でも、このfというものが最も役に立つ概念ではないかと思っているのですが、要素（x）に目を奪われず、関係性（f）で見るということが構造主義なのですから、fという概念を用いれば、明確な定義のない構造主義まで説明できてしまうのです。

ちょっとすごいと思いませんか？

よく数学なんて勉強しても将来何の役に立つんだと言う人がいますが、数学を数学としてしか見ていないから、なかなか応用できないのです。関数も、「y」「f」「x」というそれぞれの要素としての意味がわからないと、全体の意味も関係性もわからないので使いこなしにくいのですが、実はすごく応用範囲が広く、しかも明快でわかりやすい便利なものなのです。

## 「構造」はどこから生まれるのか

私は、芸術においてさえも、このfの変換というものは応用できると思っています。

前著『ざっくり!美術史』で、私は風景を画家の目で見るということを提案しましたが、それはまさにこのf変換の応用なのです。

年代順にゴッホの作品を見ていると、あることに気づきます。それは、ゴッホは最初から「ゴッホ」ではなかったということです。

ゴッホは二七歳で絵を描き始めて三七歳で亡くなるので、わずか一〇年しか絵を描いていないのですが、最初の頃の絵はわりと普通の絵というか、むしろ単にうまくないというだけの絵なのです。

そのうまくない絵が、世界最高峰の画家ゴッホの絵になる瞬間があります。

最初に見られるのは少しずつの変化です。

『ジャガイモを食べる人々』という作品では、農民に共感を持つというモチーフで少しゴッホ的になる。次にパリに行き、そこで明るい色と出会うことでかなりゴッホ的になります。また、日本の浮世絵を学ぶことで構図がクリアになって、線がハッキリ大胆になり、また少しゴッホ的になる。

そして、日本の光を求めてフランスの南に位置するアルルに行くのですが、彼はそこでついにゴッホになるのです。

ゴッホと言えば絵の具の厚塗りが印象的ですが、彼はあの技法をアルルに行く道筋で学んでいます。そうした「ゴッホの要素」が、すべてアルルの地で結実するのです。

ゴッホがゴッホになったということは、彼が独自のスタイル、つまり「ゴッホ変換」を完成させたということです。そして、この○○変換というものを作りあげたからこそ、彼は一流の画家であると言えるのです。

私はものまねで有名な清水《しみず》ミチコさんのコンサートに招待されたことがあるのですが、彼女も素晴らしい「変換」の名手です。

彼女は「どんなものでもやります。言ってください」と言うのです。

そして、誰かが「ドリカムをお願いします」と言うと、彼女はなんと、ドリカムにはない曲を、ドリカムが歌ったらこうだろうな、と誰もが感じる形で歌ったのです。ドリカムではないのにドリカムの曲にしか聞こえない、これはすごい変換能力です。

しかも彼女は、「そこで三連符で声を張り上げる」、「ここで落とす」と、解説をしながら歌うのです。それを聞いていて、ものまねというのはその人の変換の部分を取り出して拡大して見せる高度な芸なのだと痛感しました。

そういう意味では、私たちがものまねを見て楽しむということは、無意識に変換を楽しんでいるのです。

こうして「変換」という視点で見ていくと、日本文化にも、どんなものが入ってきても日本風という変換がなされてしまっているということがわかります。カレーライスやラーメンが日本変換されたものだというのは有名ですが、私はウォシュレットも日本変換の粋の一つだと思っています。

洋式トイレというのは、洋式というぐらいでもともと西洋のものです。その西洋のものであるトイレが日本に入ってきたことで日本変換を起こし、世界に類を見ない「ウォシュレット」を生みだし、いまや世界から日本のトイレは素晴らしいと絶賛されているのです。

便座は暖かいし、お湯でおしりを洗ってくれて、温風で乾かしてくれて、その上最近はトイレそのものに自浄作用があって、掃除もほとんどしなくていいというものまであるのですからすごい。日本変換は、こうした「とことんまで突きつめすぎてしまう」ということにあるのかもしれません。

携帯電話の場合は、この日本変換が裏目に出て、あまりにもいろいろな機能がつきすぎて「ガラパゴス」状態になっていますが、とにかく、どんな分野でも変換というものが起き、それが価値と大きく関わっています。

変換のしかたというのは、すなわち対象を見る視点の置き方であり、それこそがまさに「関係性」を作りだすものだと言えます。

そう考えると、構造主義というのは、思想的には難しく感じるかもしれませんが、私たちにとって、もしかしたら身近で自然なものなのかもしれません。

実際、現代においては変換具合というものが一つの大きなテーマとして成立していて、この変換は他でも使える、といった形でいろいろなところで応用され、新たなビジネスが成立するということが起きています。

たとえば量子力学のようなある一つの分野でもたらされた発見が、いろいろな分野に波及しその分野の発展に貢献するように、これがありだったらこれもありだと、要素にとらわれない構造学的な考え方が広がっていくことで、いまの世界は発展しているのです。

そもそも、思想というもの自体が、本来そういうものなのかもしれません。

たとえばアインシュタインの「世界は相対的なのだ」という思想は、「アインシュタインショック」という形で世界を襲い、みんながあらゆるものを「相対」という関数で変換してとらえるようになっていきました。

同じように、ダーウィンが登場すると「ダーウィンショック」が、フロイトが登場すると「フロイトショック」が世界を襲いました。そういう意味では「ソシュールショック」というものもあって、ソシュールの言語における体系優先の構造主義的考え方が文化人類学にもいき、いろいろな構造主義にいったわけです。

このように力を持った思想は常に世界に強い衝撃を与えて、人々のものの見方を変えてきたのですから、思想を学ぶということは、実は私たちの人生というものを大きく変換させるかもしれない、非常にスペクタクルな冒険なのだと思います。

# あとがき

西洋思想をまさに「ざっくり」とやってみた。

シンプルにすることをこころがけたので、厳密に言えば「必ずしもそうとばかりは言えない」というところはどうしても出てきてしまう。ちょっと言いすぎなところ、単純化しすぎなところがあると思うが、ご容赦いただきたい。

また、プラトン、キリスト教、マルクス主義などに批判的な記述をしたところもあるが、話の流れ上、その論点に限定してのことであり、全体を批判しているわけではないのでご理解いただきたい。

いまなぜ西洋思想をざっくりやっておく必要があるのか。

それは、私たちの社会と思考が西洋思想抜きにはありえず、自分たちの足場を見つめなおす必要のあるいま、西洋思想の主たる流れを源流からつかんでおくのが、きわめて意味のあることだと考えるからだ。

私たちが当然と思っている近現代（モダン）のいろいろなシステムは、西洋の歴史に依拠している。憲法や銀行や科学など、さまざまな領域に西洋思想が根本として入っている。

古代ギリシャ以降（もっと遡ればエジプト文明）の西洋思想の膨大な蓄積が、私たちの現代社会という建築物の基礎となっている。

社会のシステムだけでなく、私たちの心や思考もまた西洋思想の影響を受けている。デカルトやフロイトを読んだことがなくても、常識として、当たり前の感覚として、彼らの思想の成果を私たちは取り入れている。ルソーやマルクスやダーウィンの考えなどを抜きにするほうが難しい。

しかし、一般には「何となく」考えていることが多いので、私たちの思考のどの部分が西洋思想のどれを源流としているのかを意識することはあまりない。

自分の外側の雑学として〝西洋思想まめ知識〟を知るというより、自分の内側を照らす照明を得るつもりで、この本を読んでもらえるとうれしい。

私の関心はまめ知識よりも「思考のスタイル」にある。

私たち自身がふだん考えているやり方の中にプラトンやデカルトがいる。あるいは、デカルトやヘーゲルが自分の中にいなかったら、考えが整理できなかったり、発展しなかったのかもしれない。そのように考えることで、西洋思想は私たち自身の問題となる。福沢諭吉は『学問のすゝめ』の冒頭、「天は人の上に人を造らず人の下に人を造らずといへり」と書いた。この言葉は、日本の近代の幕開けを告げる鐘として、日本中の人々の心に響きわたった。

この「いへり」というのは、西洋の人権思想ではそう言われている、ということだ。それが福沢流のうまいフレーズで、日本人の常識になっていった。

福沢は西洋思想を生かし、新しい日本のヴィジョンをつくっていった。私たちもいま改めて西洋思想を見直し、生かすことでヴィジョンと方法を獲得したい。

西洋思想の歴史には膨大なパッションとエネルギーがつまっている。それに触れることで、私たちの思考も刺激される。

私は一〇代後半に西洋思想に刺激を受けて以来、自分自身も一人の「思想家」になりたいという憧れを持ってここまでやってきた。二〇代は近・現代思想に興奮した年月であった。

西洋思想がはまりこんでいた心身二元論を乗り越え、身体を基盤とした思想を方法とともに探求し、世に提示したいという野望に目覚めてから、はや三〇年が経ってしまった。

哲学の専門家から見れば粗さが目立つかもしれないが、私も思想というスポーツの一人のプレーヤーとしてやってきた思い入れをこめて、このテーマにざっくりと切り込んでみた。

思想は勇気を与えてくれる。

この本が読者の方々の勇気に少しでもお役に立てればうれしい。

切りとり線

★読者のみなさまにお願い

この本をお読みになって、どんな感想をお持ちでしょうか。祥伝社のホームページから書評をお送りいただけたら、ありがたく存じます。今後の企画の参考にさせていただきます。また、次ページの原稿用紙を切り取り、左記編集部まで郵送していただいても結構です。

お寄せいただいた「100字書評」は、ご了解のうえ新聞・雑誌などを通じて紹介させていただくこともあります。採用の場合は、特製図書カードを差しあげます。

なお、ご記入いただいたお名前、ご住所、ご連絡先等は、書評紹介の事前了解、謝礼のお届け以外の目的で利用することはありません。また、それらの情報を6カ月を超えて保管することもありません。

〒101-8701（お手紙は郵便番号だけで届きます）
祥伝社　書籍出版部　編集長　岡部康彦
電話03（3265）1084
祥伝社ブックレビュー　http://www.shodensha.co.jp/bookreview/

◎本書の購買動機

| | | | | | |
|---|---|---|---|---|---|
| ＿＿＿＿新聞の広告を見て | ＿＿＿＿誌の広告を見て | ＿＿＿＿新聞の書評を見て | ＿＿＿＿誌の書評を見て | 書店で見かけて | 知人のすすめで |

◎今後、新刊情報等のパソコンメール配信を　　希望する　・　しない

（配信を希望される方は下欄にアドレスをご記入ください）

| |
|---|
| @ |

※携帯電話のアドレスには対応しておりません

100字書評

齋藤孝のざっくり!西洋思想

住所

名前

年齢

職業

齋藤 孝《さいとうたかし》のざっくり！西洋思想《せいようしそう》
——3つの「山脈《さんみゃく》」で2500年《ねん》をひとつかみ

平成23年5月1日　初版第1刷発行

著者———齋藤 孝《さいとうたかし》
発行者——竹内和芳
発行所——祥伝社《しょうでんしゃ》
〒101-8701　東京都千代田区神田神保町3-6-5
☎03(3265)2081(販売部)
☎03(3265)1084(編集部)
☎03(3265)3622(業務部)
印刷———萩原印刷
製本———積信堂

ISBN978-4-396-61391-4 C0090　Printed in Japan
祥伝社のホームページ・http://www.shodensha.co.jp/
©2011 Takashi Saito

造本には十分注意しておりますが、万一、落丁・乱丁などの不良品がありましたら、「業務部」あてにお送りください。送料小社負担にてお取り替えいたします。ただし、古書店で購入されたものについてはお取り替えできません。

本書の無断複写は著作権法上での例外を除き禁じられています。また、代行業者など購入者以外の第三者による電子データ化及び電子書籍化は、たとえ個人や家庭内での利用でも著作権法違反です。

世界を読みとく
大好評「ざっくり！」シリーズ

祥伝社

## 齋藤孝のざっくり！日本史

「すごいよ！ポイント」で
本当の面白さが見えてくる

## 齋藤孝のざっくり！世界史

歴史を突き動かす
「5つのパワー」とは

## 齋藤孝のざっくり！美術史

5つの基準で選んだ
世界の巨匠50人